# THIRTY FIVE MOTORS

SAITO MASAYA ULTIMATE 1/35 TECHNICS MOTORCYCLE

齋藤マサヤ アルティメット 1/35 テクニクス
モーターサイクル編

*Full size!!*
*1/35 Scale Motorcycle*

このページに掲載されている写真は本書に収録されている作品のほぼ原寸大の大きさです。

## 齋藤マサヤ
*MASAYA SAITO*

昭和37年 藤沢市生まれ、茅ヶ崎市在住。3年ほどメーカーでサラリーマンを経た後、造形製作、デザイナーに転身。 ウィンドウディスプレイのデザイン、製作やアミューズ施設内のサインデザインなどを手がける。2002年に和田隆良、志渡 努と3人で模型メーカーSWASH DESIGNを興し、趣味と実益を兼ねた形で模型を楽しんでいる。

Born in Fujisawa City in 1962 and living in Chigasaki City After being an office worker for about three years, he became a sculptor and designer, started to produced window displays and signs for Amusement parks. In 2002, He established a model maked SWASH DESIGN with Takayoshi Wada and Tsutomu Shido and they enjoy modeling as a hobby and his business.

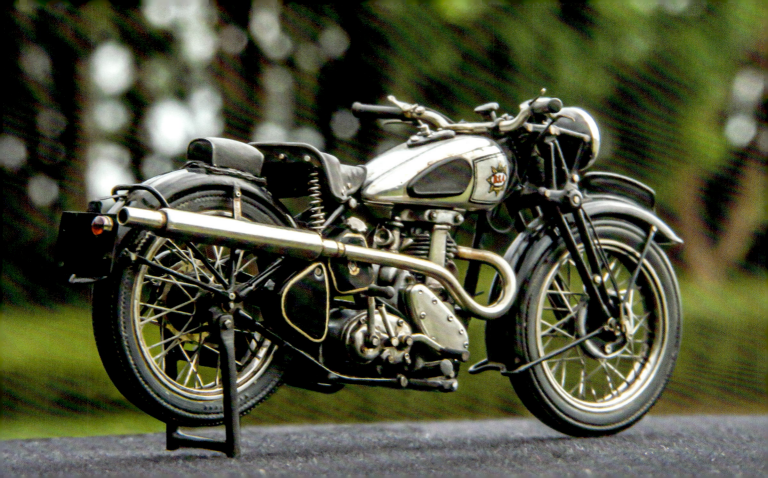

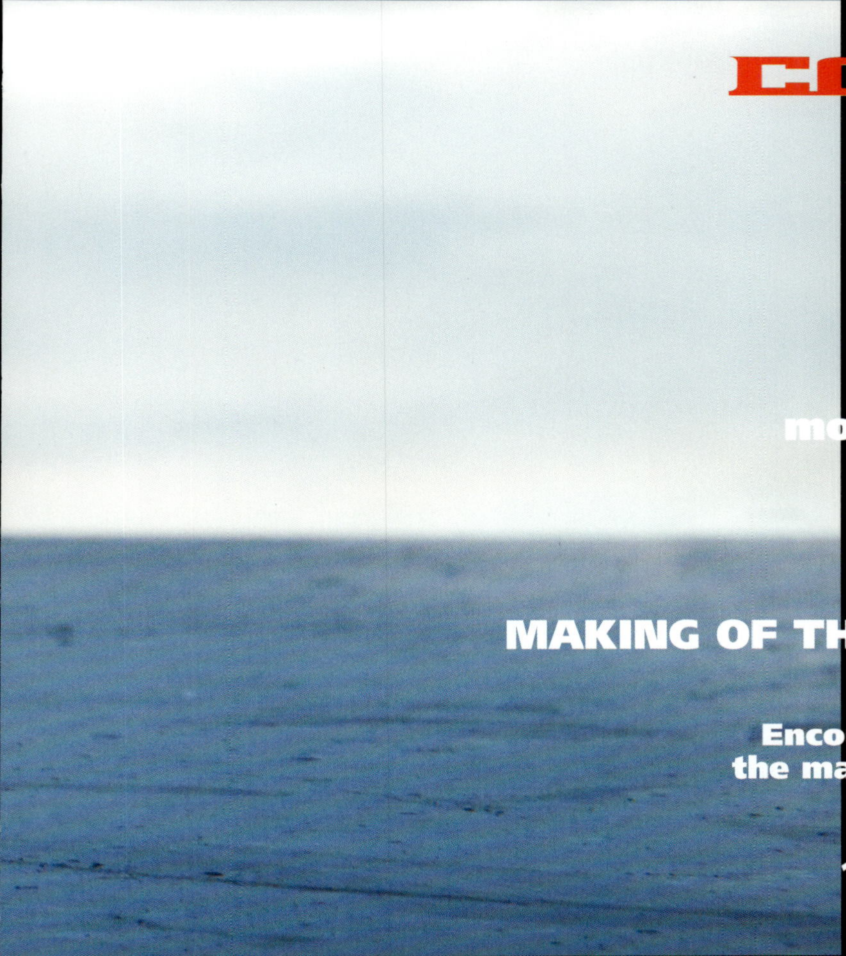

# CONTENTS

**PROLOGUE**    11

**CHAPTER.1**    22

## CIVILIAN TYPE

**CHAPTER.2**    60

## A scene between a motorbike and people.

**CHAPTER.3**    72

## MILITARY TYPE

**CHAPTER.4**    86

## MAKING OF THIRTY FIVE MOTORS

**CHAPTER.5**    102

## Encounter with Atsushi YASUI, the man who knows "real" best.

**CHAPTER.6**    108

## 1/35 MOTORCYCLE KIT LIST

# PROLOGUE

　モデラーにとって本書は、オートバイモデルのディテールアップといった実作業の参考になるような内容はほぼ期待できない、と断言しよう。模型専門誌に掲載される作品には、誰もが「これなら自分にも作れそう」と思わせるようなハウツー的な記事がある反面、「こんな超絶なものを見せられたって作れるわけないじゃないか」という、突き抜けた完成度の作品記事もある。齋藤マサヤが生み出す作品の数々は、まさしく後者であり、それは本人もおおいに自負している。

　模型というのは一種の代償行為だ。飛行機や戦車、F1マシンなどのレースカーのように、実際に手に入れられないからこそ模型で手にしてみたい、手のひらの上で自由に眺めまわしたい、と思うのだろう。その根本にあるのは、その"カタチ"に対する純粋な憧れにほかならない。「自分はほしいものがあったらどんなものでも、あらゆる手段を尽くして手に入れたいんです。だから自分の作品を見て『こんなの自分には作れない』なんていう人は、じゃあそのカタチがほしいという気持ちが自分ほど強くないんだな、と思うんです。」なんとも挑発的、と受け取られるかもしれない。「こういう部品が必要だから、じゃあ旋盤加工しなきゃいけない。そのためには高価だけど旋盤を手に入れようと頑張るし、加工するための技術も勉強する。自分が感じた"カッコイイ"を自分が納得する表現にするための努力なんだから、なんでもしますよ」

　自分が作りたいものを見つけ、そのカッコ良さを追求する手段が"模型"という手段であっただけ。「でも僕、免許持ってないからオートバイ乗れないんです」　そんなの、カッコイイオートバイを作るのに関係ない。

I can assure you that modelers can hardly expect to find anything that will help them in actual work, such as detailing a motorcycle model. Some works published in model magazines have how-to articles that make everyone think "I think I can make this myself." while others have outstanding work articles such as "It's impossible to build such an incredible work with my skill". Masaya Saito created many of the suche works, and he is very proud of them. Models are a kind of compensation. Like an airplane or a racing car like an F1 car, you want to get a model because you can't get one. At the root of this is nothing but a pure yearning for "The Shape".
"I want to get whatever I want by all means. So when you look at my work and say, 'I can't make this.' I think your desire to create is not as strong as you think." What a provocative comment." Sometime It's expensive, but I try hard to get a lathe, and I also learn how to process it. It's an effort to express what you feel "COOL!" to your satisfaction, so I'll do anything." He find things he want to build. And build it as cool as he can. Some say "But I can't ride a motorcycle because I don't have a driver's license." That's not related to making a cool motor

## ユーロミリテール受賞と
## 紡ぎ出す世界感で齋藤マサヤを知る

I got to know Masaya Saito by winning the Euromilital award and creating a sense of the world.

　小さいものを愛でる、というのはとくに日本に限った話ではなく、ヨーロッパやアメリカをはじめ世界各国に見られるものだ。海外ではゲームの駒としてのミニチュアモデルの文化があるが、古くからそれらの原材料として錫やアンチモン、鉛などの合金であるピューターやホワイトメタルといった素材が使われていた。"鉛の兵隊"という言葉を聞いたことがある人も少なくないだろう。それらの駒をていねいに塗装して実感たっぷりに仕上げる、まさにペイントという行為をホビーとして楽しんでいる人も数多い。それらの作品が一堂に会したイベントこそが2016年までイギリスで開催されていた『ユーロミリテール』であった。

　ナポレオンなどの、所謂ヒストリカルフィギュアというジャンルを楽しんでいた齋藤は、交流のあった英国の模型専門誌ミリタリーモデリング誌編集長ケン・ジョーンズ氏から1994年のユーロミリテールに誘われる。当時はSNSはおろか、インターネット環境も充分に整っていない時代。自分の作品は世界でどこまで通用するのかを試すべく手探りで参加、部門別で銀賞を獲得。そして翌1995年は日本人として初の金賞を獲得するに至る。だがそこで感じたのは、欧州の作家と自分とのスタイルの違い。背脂たっぷりラーメンのような"濃さ"を持つ海外勢と、浮世絵のような薄味の自分の作品。海外の専門誌や資料を調べ、見習ってきたものの、直に見るその濃さに当てられ、正直、ごちそうさまという気分になり真似する意味を感じなくなったという。ヒストリカルからオートバイ+ライダーという"人馬一体"に舵を切った今の作品。だが培ってきたペイントの手腕からは、やはりどこか欧州のにおいを感じさせる。

It is not only in Japan that people love small things, but in Europe, the United States and other countries around the world. Overseas, there is a culture of miniature models used as pieces for board games. And there are many people who enjoy painting those "Lead soldier" pieces as a hobby. The event which these works gathered was 'Euromilitaire' Saito, who used to enjoy historical figures, was invited by Ken Jones, editor-in-chief of Military Modeling, a British modeling magazine, to Euromilitaire in 1994. Saito wanted challenge the world and he received Silver medal. In 1995, he became the first Japanese to win a gold medal. At the same time, he saw the difference in style between European modelers and himself. He realized that he could not find any reasons to imitate their works anymore. Now his interests are changed from historical to motorcycle and rider. However, the paint skills he has developed still give us a sense of European influence.

【写真上】
### Colonel General 1794
90mm Scratch building
Size W157 x D126 x H132mm
ernational Militaly Modelling Competitions Folkeston in Kent, England Won a Siver award (class 6)

【写真下】
### Dragon de Godernaux 1745
90mm Scratch building
Size W328 x D260 x H246mm
ernational Militaly Modelling Competitions Folkeston in Kent, England Won a Gold award (class 7)

U.S. Paratrooper with Cushman 53 U.S Airborn Scooter

THIRTY FIVE MOTORS
SATO MASAYA ULTIMATE 1/35
TECHNICS MOTORCYCLE

## まず大前提として1/35モーターサイクルを手に入れるには
## 僕らにはMMしか選択肢が無かった。

First of all, in order to get a 1/35 motorcycle,
we had no choice but to use MM.

　生業としてウインドゥディスプレイなどを手がけることもあった齋藤だが、たしかに"作る"という行為には違いないが、やはり本当に自分の作りたいものを作りたい、という気持ちが大きくなっていく。もともと車などが好きだったこともあり、それまでのヒストリカルフィギュアで製作してきた馬と兵隊という組み合わせは、そのままオートバイとライダーというテーマへと変化する。だがその根本にあるのは"人馬一体"。オートバイ単体ではなく、やはり人物あってこそ、との考えだ。
　人物=フィギュアとオートバイとを組み合わせることが比較的容易な模型を考えると、おのずと1/35というスケールに落ち着いた。現在、オートバイ模型のポピュラーなサイズは日本では1/12、欧州ではさらに大きな1/9も存在するが、これに同スケールのフィギュアを組み合わせるには自作が必須となる。1/35とは、模型メーカーのタミヤが戦車などの装甲戦闘車両（AFV）模型を展開し始めた1960年代、電池によるモーター走行可能な車両の製品サイズから逆算して生まれたスケールだ。1969年、これら戦車のアクセサリーというかたちで兵士のフィギュアが発売され、ミリタリーミニチュア=MMというシリーズが形成されていく。戦車という主役を引き立てる"それ以外"の存在、そのラインナップに含まれたのが1/35MMシリーズのオートバイたちであった。じつはMMにおけるオートバイの種類はそんなに多くはない。だが手のひらに乗るような1/35というサイズは、フィギュアと組み合わせたり、情景を仕立て上げたり、また細部のディテールを作り込むことで精密感を演出したりと、見る者にサイズ以上の存在感を感じさせるのだ。

SAITO, who once worked on window displays as a regular vocation, his desire to create what he really want to create grows. As he always liked cars and motorcycles, the combination of horses and soldiers changed to the motorcycle and rider for his subjects. If you think of a model that is relatively easy to combine a figure and a motorcycle, you can see that it's naturally settled on a 1/35 scale. The 1/35 scale was derived from the size of a motor-driven kits in the 1960s, when Tamiya began to develop models of armored combat vehicles such as tanks. In 1969, figures were released as accessories for these tanks, and a series called Military Miniature (MM) was created. Actually, there are not so many types of motorcycles in MM. But at 1/35, the size of a palm, combining it with a figure, build a diorama, or sharpen the details to create a sense of precision, gives viewers a sense of presence that exceeds their size.

## "市販されているものが無い"ならば
## 自らの手で作りだそう
## その成果が本書である。

If you want to "There is no commercial product."
then make it yourself.
The result is this book.

　模型というホビーの楽しみ方、向き合い方というのは自由だ。それこそ趣味の世界なのだから、自分が楽しめれば、満足できれば充分といえる。パーツを切り離し、接着し、組み上げる。パッケージに内包されたモノだけで完結する、ひどく"簡単な"世界。だが逆に、そこからのめり込むこともできる、振り幅の広い世界でもあるのだ。例えば戦場を駆けるオートバイを作ろうと思い立ったとしよう。今の時代、インターネットで検索すれば資料となりそうな写真も比較的容易に見つかることだろう。そして気が付くのだ。『模型と実車がちょっと違う』と。それはワイヤースポークの太さやエンジンに並んだフィンの厚み、はたまた各部のディテールであったり。もともとは実物を1/35という完成時には10センチにも満たないサイズで再現した縮尺模型であり、またプラスチックモデルという工業製品であるがゆえに、部品の太さや厚み、また本来は別々であるはずなのに一体で成型されていたりするパーツ。そうして模型と資料を見比べていると、いつの間にかこう考えるようになる。『どうしたらこの写真みたいにできるんだろう』と。

　斎藤はその課題に、実直に向き合う。薄い板状のパーツが必要と感じればフォトエッチングパーツを自作し、断面が正円の円柱が必要であれば旋盤を挽く。形状が異なれば改造し、完成した精緻なパーツはシリコンで型取り、ウレタン樹脂やホワイトメタルといった素材で複製する。昨今は専用のディテールアップ用パーツも市販されているが、それとてすべてをカバーしていない。だから自作する。そこまで拘る理由を、斎藤はこう答える。『そのほうがカッコイイものができるじゃないですか』

There is freedom in how to enjoy and face the hobby of modeling, and that is the world of hobbies, so if you can enjoy it, it's enough.Cut, glue, and assemble parts. It's a very "simple" world, and that is how you can get into it. Let's say you decide to build a motorcycle that drives a battlefield. And from your trusted internet, you will find some difference in details and thickness of a fins. 'How can I make it like this picture?' We always wounder.  Saito faced the task with sincerity. If a thin plate-like part is needed, a photo-etching parts are made by hand, and a lathe is used to duplicate perfect circular cylinder.These days, there are dedicated detail parts on the market, but they don't cover everything. So he make his own parts. SAITO answers why he was so committed, 'You can make things cool that way.'

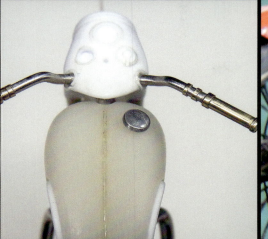

THIRTY FIVE MOTORS

## CHAPTER.1
## CIVILIAN TYPE

# BSA M23 SILVERSTAR

*Fierce god shining like a bright star.*

## 明星に輝く星の如き鬼神。

軍用車両の民間型への改修という同じテーマで製作しても、ちょっとした部品の形やデザイン、色使いひとつ取ってもシックに攻めるのが英国流

タミヤのBSA M20をベースに民間型のM23に改造した。比較的キットの原型を活かしているものの、エンジンやマフラー、ハンドルなどを変更し民間型のディテールを再現していく。1/35スケールのオートバイは、ちょっと力をこめれば壊れてしまいかねないほど華奢な存在だ。タミヤのキットは誰が組んでも確実に組み上げられるよう、しっかりと設計されていてパーツの剛性感も高く、こういった改造にはもってこいの強度を有しているのでありがたい。エンジン上部を通る個性的なレイアウトのエキゾーストパイプは、焼きなました洋白線で金属挽き物のマフラーと組み合わせた。またこれらはクロームシルバー系の塗装ではなく、金属素材を活かしパーツを磨き上げることでゴージャスな質感を再現している。

Based on BSA M20 of Tamiya, it was remodeled to civilian type M23. It is relatively original, but the engine, muffler, and handle are changed to reproduce the details of the civilian model. On a 1/35 scale, a motorcycle is delicate enough to break with a little force. The Tamiya kit is well designed to be assembled by anyone, and the rigidity of the parts is high enough for such modifications. An exhaust pipe with a unique layout passing through the upper part of the engine was combined a annealed Nickel-silver wires with metal muffler. Also, these are not chrome silver paint. The gorgeous texture is reproduced by polished metal parts.

BSAは、バーミンガムの「ガンクォーター」と呼ばれる地域にある銃、車両、軍事機器の製造会社であり、1910年にBSAはバイクの生産を開始し、50年代のピーク時には世界最大のバイク生産社だった。優秀なエンジニアであるヴァル・ペイジは、1939年にBSA M23シルバースターという、4速ギアボックスを備えた500cc OHVシングルシリンダーエンジンのスポーツマシンを設計した。このマシンにいくつかの革新的で最新の機能が含まれていた。単一のバックボーンを備えたスチールチューブラーフレームを採用し、クランクケースのサンプは廃止、左側からチェーンで駆動された。Silver Starエンジンは、BSAワークスによりチューニングされている。本模型では兄弟車であるM23 Empirestarに見られるアップマフラーを装着した仕様としている。

BSA is a gun, vehicle and military equipment manufacturer in the so-called "gun quarter" area of Birmingham, where it began production of motorcycles in 1910 and was the world's largest motorcycle manufacturer at its peak in the 50s. A brilliant engineer, Val Page, in 500 designed BSA M 23 Silver Star, a sports machine with a 4 speed gearbox and a 1939 cc OHV single cylinder engine. This machine had some innovative and latest features. A steel tubular frame with a single backbone was employed, and the crankcase sump was eliminated and the chain driven from the left. It was tuned by the BSA works. This model is equipped with an up muffler as seen in the M 23 Empirestar, a sister car.

齋藤の作品では洋白棒や真ちゅうパイプ、ホワイトメタルといった金属素材が多用される。その理由は、なによりも強度。こんな小さなサイズであれば大した重量ではないだろうと思われるが、フェンダーのステーやマフラーは極細い金属線に、また場合によってはエンジンもホワイトメタルに置換される。小さなウェイトの積み重ねは、そうしてプラスチック製のパーツを容易く歪ませるのだ。次に金属素材の持つリアルな金属の質感。洋白など実際に磨き上げることであらわれる、まるでメッキをかけたような輝きは、昨今の大変優れたメッキ調塗料を用いても絶対に得られないのだ。

In Saito's works, metal materials such as nickel-silver sticks, brass pipes and white metal are often used. The reason is strength. The fender stays and mufflers will be replaced with thin metal wires, and in some cases, the engine will be replaced with white metal. Small weight stacks can easily distort plastic parts. Next is the realistic texture of the metallic material. The sheen of nickel-silver, which is produced by actual polishing, cannot be obtained even with today's excellent plating paints.

# HARLEY-DAVIDSON WL "BOBBER"

*The blue of horror.*

## 戦慄のブルー。

不要部品をはずし、重そうなフェンダーもカットして軽量化。はじめてのカスタムというのはこれくらい気軽に始めて止まらなくなるものなのだ

このライトブルーと後述するレッドの2台のマシンは、ともにカスタムハーレーのモデルを作り始めたころの作品。同じキットをベースにしていながら、しかしまったく方向性の異なる仕上がりとなるよう考えられている。このマシンでは引き締まったブラックのフレームとドレッシーなブルーの対比が美しい。軍装パーツをすべて取り払いフェンダーも短くカット、エンジンも作り起こしという力作だ。まだハーレーのカスタムがどのようなものか齋藤自身もわからないまま製作開始。実車の資料に対峙し、パーツの形状や部品の重なりあい、なぜこのような形状をしているのかを解析する。実車に詳しくないからこそ、逆に手を抜くこともできず、でき得る限りストレートにそのディテールと質感を追い続けたのが本作なのだ。

The two machines, light blue and red, were from when he started to build custom Harley models. It's based on the same kit, but it's designed for a completely different finish. This machine has a beautiful contrast between a tight black frame and a dressy blue. He removed all the military parts, cut the fenders short, and built the whole engine. Although Saito himself did not know what kind of custom Harley had, he started to build it. Facing the actual vehicle data, he analyzes the shape of the parts and find reasons for its shape. It is because he is not familiar with real cars that he can't cut corners, and he continues to track the details and texture as pure as possible.

1937〜'51、'52年の15、16年間製造されたWL MODEL。この作品は、1937年から'39年までのいわゆる"30s"と呼ばれる年式のWLボバー。フロントフェンダーを取り外し、リアフェンダーはかなりチョップされ、タイヤすれすれにマウントされた仕上がりはハードテールをより強調したレーシーな印象をあたえている。フットボードの代わりにペグ式のステップや、キックペダル、軽量穴明けのドリルドなどで軽量化をはかり、また、Fサスのライドコントロールやマフラーエンドをカットして、放熱バンテージを巻き付けたレーススタイルのマフラーなどもよりボバーレーサー感を上げていて、ヘッドライトを外せば即レースに参戦できる仕上がりだ。30sならではの前後18インチのタイヤサイズもGOODな選択！

This work is a WL bobber of the year style so called "30s" from 1937 to '39. With the front fender removed and the rear fender considerably chopped off and mounted close to the tire, it gives a racing machine like impression that emphasizes the hard tail.Peg step is installed instead of a footboard. you can see the kickpedal and drilled holes for weight reduction. The front suspension ride control and raceing style muffler with thermo vantage enhance the feeling of a bover racer, and you can participate in the race immediately by removing the headlights. The 18 inch front and back tire size are very good choice the "30s" also.

モデルを見てあらためて驚くのは、これが1/35という大人の手のひらにも満たないサイズだということ。そこに込められた情報が予想以上に多いことは、実物よりもはるかに大きく掲載された写真からも一目瞭然だ。例えばエキゾーストパイプに巻き付けられた耐熱素材。エッチングパーツで再現されたドライブチェーンの精緻なコマ。正確なトレッドパターンが刻まれた3Dプリンター出力原型によるタイヤなど。くわえてそれらのディテールに生命力を吹き込む、経年劣化やオイル漏れ、焼けといった、ウェザリングによる質感表現。工作と塗装、まさに双スキルの集合知なのだ。

What's surprising about the model is that it's 1/35 scale, size of an adult's palm. The fact that there is more information than expected is also evident in photos that are much larger than the actual model. Heat-resistant material wrapped around an exhaust pipe, an elaborate piece of the drive chain reproduced with photo etched parts and tires made by 3D printer with an accurate tread pattern are great examples of his skill. In addition, the weathering such as aging deterioration, oil leakage, and faded paints adds vitality to those details. Machining and painting are two types of collective knowledge.

# HARLEY-DAVIDSON WL "BOBBER"

*Roaring Flat Red.*

## フラットレッドの咆哮。

マシンを好みに塗り替える、カスタムの楽しみのひとつ。スピード感とは程遠いザラっとした手触りの赤。欲しかったのは艶っぽさでなく逞しさ

ライトブルーのWLと対になる形で製作されたのがこのレッドに塗られたモデルだ。この２台はベースキットも基本的なディテールアップ工作の内容もほとんど変わらないし製作時期も同時だ。それでいてここまで仕上がりに違いを感じるのは、ひとえに齋藤のペイントスキルの高さによるものといえる。美しい光沢と明るいトーンのブルーで彩られたマシンとは対照的に、ツヤの消えたタンクとフェンダーの赤。タンクのツヤひとつでこれほどまでに受け取る印象は違うのだ。斎藤が過去に手がけたヒストリカルフィギュアの塗装は、写実的というよりはむしろ絵画的な誇張を内包したペイント技法だ。それゆえに、作品を見る者に不自然さを感じさせないまま、誇張された世界へとゆるやかに引きずり込むのだ。

The red model is paired with the light blue WL. The two are almost identical in their base kit and basic detailing, and they are made at the same time. However, it can be said that the difference in the finish is due to Saito's high painting skills. Fuel tank and fender are dull flat red as opposed to a machine with a beautiful luster and bright blue tones. Just the sheen of the tank gives you a different impression. Saito's historical figures in the past is a painted with technique that incorporates picturesque rather than realistic expression. Therefore, his works slowly drag viwers into an exaggerated world without making them feel unnatural.

1937～'51、'52年の15、16年間製造されたWL MODEL。排気量45キュービックインチ＝750ccで、HARLEYのなかでも軽量なのが特徴。この作品は、1947年以降のオリジナルストックスタイルのWLを、ストリートボバースタイルにしていて、フロントフェンダーを取り外し、リアフェンダーもヒンジより後ろを取り除き、さらにフットボードも取り外し、ステップのみ変更、さらに軽量化をはかっている。レーシングシートや位置を変えたヘッドライト、小ぶりなテールライトも、ボバースタイルの完成度をさらに上げた好印象な仕上がり。前後18インチタイヤは、40年代後半のトレンドではないが、走りを追求する乗り手には好印象。

WL MODEL manufactured for 15 ,16 years from 1937 to '51 '52. With a displacement of 45 cubic inches (750 cc), it is one of Harlay's lightest motorcycle.🅘n this work, the original stock style WL from 1947 onwards is modified to the Street Bover style. Front fender is removed, the rear fender was removed from the hinge, footboard is also removed to make it lighter. The racing seat, the differently positioned headlights, and the small taillights make for a more complete bobber style. The front and rear 18 inch tyres are not a trend of the late 40s' but they will make a good impression for riders looking to drive.

模型にとってツヤのコントロールというのは大変重要なポイントである。とくにミニスケールにおいて、美しい光沢は一歩間違うと作品を玩具っぽく感じさせ、本物らしさとは真逆の方向へと一気に突き進んでしまう。斎藤の作品がその玩具っぽさを一切感じさせない所以は、やはりツヤのコントロールの巧さによるものだ。特筆すべきは金属パーツ素材を塗装ではなく、磨き出しの具合で輝度を完全にコントロールできている点だ。例えばホワイトメタルとひと口にいっても含有成分の比率で硬度は大きく変化し、仕上がりに影響する。その見極めの巧みさがカッコイイ見た目を生むのだ。

The control of the gloss is a very important point for the model. Specially on the small scale, the beautiful gloss makes the work look like a toy if you take one wrong step, and it goes in the opposite direction to the real thing. The reason why Saito's works don't make you feel like a toy at all is because of his excellent control of gloss. The brightness of metal parts are completely controlled by how polished those are, rather than gloss of the paint. For example, in the case of white metal, the hardness greatly changes depending on the ratio of the contained components, which affects the finish. The cleverness of the judgement makes the finish model look so realistic.

# HARLEY-DAVIDSON WL "BOBBER"

*Like a bewitching shine of marble stone.*

## 妖艶な輝きは大理石の如く。

高貴な白を纏いながら、その足元を飾るのは不釣り合いなほど大きな靴。深い轍の刻まれたビーチコースというステージで踊るには最高の選択だ

本作を手掛ける頃にはだんだんとカスタムハーレーが分かってきたという。これは砂浜などでのダートレース用マシンで、接地面積を稼ぐため太めの16インチタイヤを履いているのがチャームポイントだ。あれこれと資料をあたっているうちに巡りあった、実車も存在するマシンである。だがことさら厳密に、資料写真のとおりにディテールを追いかけているわけではない。現在と異なり各部のディテールをこまかく追うような資料は皆無ともいえるが、それならばマシンの時代背景やその前後に行なわれたレース写真なども参考に適切と思われるディテールを紡ぎ出す。このマシンに出会った時に齋藤が感じた「なにこれカッコイイ！」をカタチにして、今度は作品を見る人に「カッコイイ」と思ってもらうことが目的なのだ。

By the time Saito started working on this WL, he gradually learned about Custom Harleys. It's a dirt racing machine. The charm point is the thick 16 inch tires to gain contact surface to the ground. He found out about this machine when he was researching with various documents about Harleys. But it's not exactly following the details of the actual thing. Unlike today, there were no refference books or documents that closely follows the details of each part. If that is the case, he can use the historical background of the machine and the pictures of races of its time it to create the details that seem appropriate. The goal is to create the feeling of Saito when he first encountered this machine as a model. And this time, make viewers think and feel " This is so COOL!".

この作品は、1937〜'51、'52年製造のWLの年式をはっきりと特定はできないが、40sベースのWLに30sのデカール仕様のタンクをセット。前後フェンダーは、かなりチョップしてレーシーなスタイルにセッティング。フットボードの代わりにペグ式のステップやクラッチペダル、マフラーエンドをカットして、レーススタイルのマフラーに仕上げてレース用のソロシートやマグネトーが、よりボバーレーサー感を上げている。16インチ（FIRESTONE deluxe champion 仕様）は路面への足つきも良く、小型ヘッドライトやスピードメーターがより一層と都会のアスファルトを疾走するイメージを引き立てていて、現代のストリートのボバーな仕上がりだ。

This work does not clearly identify the year of this WL. The decal specification fuel tank of 30s is placed on WL of 40s. The front and back fenders are chops for racing motorcycle style. A Footboard is replaced by peg step. Muffler end is cut off to create a racing muffler. A racing solo seat and a magneto make it look more like a bobber racer too. Installed 16 inch tires (FIRESTONE deluxe champion specification) has a good grip on the road surface. Compact headlights and speedometer enhance the image of driving on urban asphalt, giving it a modern street-like appearance.

セミフラットのブラックで引き締められたフレーム廻りとは対照的な、ホワイトの清潔感。シンプルなカラーであるがゆえ、インパクトを受ける。マシンの素性としてはガチガチのワークスレーサーではなく、本機の遊びのレースを楽しむオーナーのマシン、といった風情であり、ほかとは大きくキャラクター性を異にする存在だ。まさにこの振り幅の広さがカスタムハーレーの愉しさでもあり、モデルでカスタムを楽しむことにも繋がっていくのだ。自分がオーナー気分で好き勝手なカスタムができるかって？ 年式やバックボーンを調べたうえで、その縛りを楽しむのがイイのだ。

Cleanness of the white paint contrasts with tight toned semi-flat black around the frame. Simplicity of the color has an impact. As for the origin of the machine, it is not a rugged works racer but a machine of the owner who enjoys the local races with this machine, and the character is different from others. This broad range of enjoyment is the pleasure of a custom Harley, and it also leads to a custom experience on the model. Can he make his own custom as if he were an owner? It's good to look at its production year and background and enjoy the accuracy of your creation.

# #36 HARLEY-DAVIDSON WLDR

*Fruition of solemn pure white.*

## 荘厳なる純白の結実。

駐車場で荷台からマシンを下ろし、パドックまで押して歩く。振り充てられたナンバーを書き込んだ薄い板が、週末の自分をレーサーにしてくれる

1930年代に活躍した旧いダートレースマシンとして製作。実車も無論エンジンが変わっており、そのあたりも丁寧にリサーチを進め、モデルでもエンジンは作り変えている。四角いフットレストなどこの時代ならではのディテールがアイキャッチとなっているのもポイントだ。ダートならではの大きめなトレッドパターンのタイヤ、タンクやリアフェンダーに追加されたパッドなどが、このマシンがレーサーであることを主張する。ウェザリングもこれまでの作品とは印象が異なり、ドライではなくややウェットな土くれがはね上げられたような仕上がりとなっている。無論、エンジン周りの適度にやれた印象を醸し出すのも忘れてはいけない。ピカピカ過ぎない空気こそがカスタムハーレーにはよく似合う。

It was made as an old dirt race machine that was active in the 1930s. Just like the actual vehicle, the engine of the model has been changed with careful researching. The eye-catching detail of this era, such as the square foot rest, is another point. Oversized tread pattern dirt tires and extra pads for tanks and rear fenders all point to the machine as a racer. Weathering also has a different impression from previous works, with a slightly wet, rather than dry finish. Of course, it should not be forgotten that it gives the impression that the engine has been properly "used". This worn out atmospheres really suit the custom Harley.

この作品は1937年にデビューし、1940年まで活躍したWLのコンペティション（競技、レース）仕様のWLDRで、一般仕様のWLと異なるエクストラハイコンプレッションのエンジンが搭載されたHARLEY純制のファクトリーレースマシンだ。HDワークスカラーで仕上げられた30年代のダートレーサー仕様のWLDRは、実車でも大変貴重な存在。幅を細くつめたナロータンクに、顎あて用のチンパッドシートとレーシングソロシート、大き目のピリオンパッドシートはTTレーサー仕様にも見られる特別な仕様。マグネトーやスーサイドクラッチペダル、ライドコントロール、ゼッケンプレートはレーサー仕様感をさらにプラスさせている。また大きく注目すべきポイントは、'37年以降'51年までのWRにセットされたファクトリーレースバイクのみに装着されたレーシングマフラーだ。レーススペックのこのマフラーは、実物も誰もが憧れるマフラーである。エンジン、シフトリンケージフットボード、キックペダルの創り込みも憎らしい出来栄えで、WLDR TTレーサーの良いお手本となる逸品だ。

This work is a WLDR of the WL competition specification that debut in 1937 which was active until 1940. This is a HARLEY pure factory race machine with an extra high compression engine that is different from the standard WL.The WLDR with a 1930s dirt racer specification in HD work colors is very valuable even in a real motorcycle.The narrow width fuel tank, the chin rest pad sheet and the racing solo sheet, and the large pillion pad sheet are special variation that can be seen in the TT racer specification model. Magneto, suicide clutch pedal, ride control, and number plate add the look of racing motorcycle .Another important point is that the racing muffler which is only attached to factory racer from '37 to'51.This racing spec muffler is one everyone longs for.The engine, shift linkage footboard, and kick pedals are made with great detail and perfect examples of WLDR TT racer.

失礼を承知で申し上げるが、ハーレーという車種とその歴史を詳しく知らない数多くの人たちにとって、斎藤の生み出す1/35のハーレーたちはどのように映るのだろうか。ワークスレーサーなのか草レースの常連なのか、はたまたレストアされた往年の名機か。齋藤にとってその辺りの思惑は、じつにどうでもいいという部類だ。自分が見て感じたマシンのカッコ良さを、自分の作品を通じて同じようにカッコいいと感じてほしいだけだ。それ即ちモデラーの根幹にある、"そのフォルムを手に入れたい"、"手のひらの上で眺めまわしたい"というシンプルだが強欲な願いの具現化なのである。

With all due respect, how does Saito's 1/35 of Harley cars look to so many people who don't know much about Harley and its history? Is it a works racer? Is it a regulas at local races, or is it a great old model that has been restored? For Saito, the speculation really doesn't matter. I just want you to feel the coolness of the machine as you see it through his works. That is to say, it is the realization of the simple but greedy desire of "I want to get the form" and "I want to look around on my palm." which is the basic craving of any modelers.

## 齋藤マサヤが惹かれる
## クラシックバイクと
## カスタムハーレーの文化とは。

What is the culture of classic bikes and custom Harleys that Masaya Saito is attracted to?

　これだけカスタムハーレーを手掛けておきながら、自身はオートバイの免許を持たず、乗ることができない齋藤だが、「でもそれを言ったら飛行機モデラーは全員パイロット資格が必要になりますね」と笑う。その風体から、アメ車を転がしていそうと思われがちだが本人はもともと英国車が好きで、ハーレーは完全に興味の対象外だった。そんなある日、BS放送でハーレーのレストアやカスタムを題材にしたプログラムを見て突然スイッチが入る。「ハーレーのカスタムって、かなりカッコいいんじゃない？」それからは資料を探し、ハーレーについて勉強を始める。このパーツはこの機構のために取り付けられている、この機構のためにこういったカタチをしている、このマシンはこんな時代にこのレースを走っていたなど、モデルを製作するうえで必要な知識を蓄えていく。「だから製作する対象のモデル以外、ハーレーの知識はないんです。オーナーさんから実車の話をされてもわからないことが多いですよ。」

　カスタムハーレーを作り始めた理由はカッコよさ。これはいちモデラー的視点。作っていて、足りないものがあれば自分で作る。これは実車をいじる感覚に近いが、自身が主催するガレージキットメーカーという基盤があるからこそ、パーツを自作するための環境も整っている。いうなれば実車カスタムショップの店主の思考だ。カッコイイからカタチにしたい、そしてそれを同じように感じる人たちに届けたい。

「だってカッコいいじゃないですか。みんなハーレーと聞くとハードルが高い、独自の文化がある、と感じて尻込みするんです。でも詳しくなくても全然構わない。カッコイイから好き。理由なんてそれで充分ですよ。」

Saito builds a lot of custom Harley models but can't ride a motorcycle because he doesn't have a license. He laughs and say, "I don't think every arplane modelers have pilot license." He originally liked British cars and Harley was completely out of his interest. One day, I saw a Harley restoreing and a custom program on TV and it suddenly his switch was turned on. "Harley's custom is pretty cool, isn't it?" Then he look for materials and start studying about Harley. Learning about part is attached for certain mechanism, this is how it is shaped for this mechanism, this machine was running this race in this era, etc., and it stores the knowledge necessary to make a model. "That's why I don't have any knowledge about Harley other than the model I'm going to make. Even if the owner talks about the actual vehicle, there are many things that I don't understand."

The reason I started building a custom Harley is "it looked cool." This is a modeler's point of view. He makes it himself if there is something missing. It's almost like playing with a real thing. And resorce and tools of his the Garage Kit Make, allows him to build his own parts. In other words, it is just like the thought of the a car custom shop owner. He just wants to deliver what he thinks it "look cool" to people who feel the same way.

"Because it's cool. When people hear about Harley, they feel awkward and have their own culture, so they shy away. But I don't mind f it's not detailed. I like it because it's cool. That is a good enough reason."

# HARLEY-DAVIDSON WR

*A lustrous pioneer.*

## 艶やかさを纏った先駆者。

ハーレーのCIカラーといえばオレンジ&ブラック。ワークスレーサーが纏うのはカラーリングだけじゃない。製造メーカーとしての意地とプライドだ

ワークスレーサーを手に入れ、コツコツとレストアを続け、そうして週末には自らレースに参加する。本作はまさにそんなイメージで製作されている。齋藤がオートバイ模型で金属素材を使用して精密感を演出するのは、それがリアルだからというのが本質ではない。「むしろわからない部分は、それらしく手を抜きます」と笑う。精密感は作品を見た人がカッコいいと感じさせるための"見せ場"でありエッセンス。その見せ場を適切に分散させるのもテクニックのひとつだ。そのうえで、どこにオイルが漏れるのか、どこがすり減るか、作りながら調べ、オーナーに尋ね、可能な限り再現する。完璧に整備されたミュージアムコンディションのモデルではない、オーナーとともに生き続けているオートバイを作りたいのだ。

He gets a work racer, doing a steady restore, and goes into the race himself on weekends. This work was made with such an image. Saito uses metal materials in his motorcycle models to create a sense of precision. "On the contrary, if you don't know the part, pull out your hand like that." he laughed. The sense of Precision is the "highlight" and essence to make the person who sees the work feel the neatness. One technique is to disperse the "highlight" throughout the model. He investigate where the oil leaks and wears, and eaven ask the owner about the vehicle to reproduce it as much as possible. They want to build a motorcycle that lives on with the owner, not a model in perfect museum condition.

1937〜'51、'52年の15、16年間製造されたWL MODEL。排気量45キュービックインチ＝750ccで、HARLEYのなかでも軽量なのが特徴。この作品は、'46年にデビューしたHARLEY純レーシングマシンである45cu.in.(750cc) WR サイドバルブ ファクトリーレーサーのカラーリングのオレンジ×ブラックで仕上げられているのが目を引き、好感度が高い。フロントフェンダーを取り外し、リアフェンダーはチョップしながらもサイド部分は大きくカットせず、左テールライト、左サイドナンバーと上手くマッチさせている。エンドを斜めにカットした2本出しマフラーと移設した小ぶりなスピードメーターが、ストリートボバースタイル感をより演出している。WRレーサースタイルでWLストリートボバーの完成度を更に上げた好印象な仕上がり。前後18インチタイヤは、40年代後半のトレンドではないが、走りを追求する乗り手には好印象。

WL MODEL manufactured for 15 ,16 years from 1937 to '51 '52. With a displacement of 45 cubic inches (750 cc), it is one of the lightest HARLEY mortorcycle. This model is painted in orange and black pattern of HARLEY's pure racing machine, WR side valve factory racer that debuted in 46.The front fender is removed, the rear fender is chopped but the side part is not cut too much, and it matches well with the left tail light and the left side number.The two-pronged mufflers with the end cut diagonally and installed small speedometer are to show the street bobber style.The WL Street Bobber is completed in the WR Racer style for a nice finish.The front and rear 18 inch tyres are not a trend of the late 40s, but they are good match for this type of raceing motorcycle.

模型趣味では、車やオートバイのジャンルは、俗に"光り物"と称されることがある。実物の表面が均一で平滑、ゆえに模型の仕上げでは光沢のクリアー塗料で全体をコートする手法がポピュラーだからだ。だが齋藤は金属の持ち味である輝きをコントロールしつつ、そこにあっさりとウェザリングを行ない、ちょっとだけくたびれたかのような空気を醸し出す。どちらの仕上げが正解かという話ではない。何を表現したいかである。あえてピカピカにせず、わざと経年を感じさせるレストアの楽しみ方が実車にあるように、模型でもそのマシンが生まれた時代の空気を感じさせたっていいのだ。

In the world of model hobbies, the genre of cars and motorcycles is commonly referred to as "luster model". Because the surface of the real thing is uniform and smooth, the method of coating the whole thing with a clear gloss paint is popular technique. However, while he controls the gloss characteristic of metal, he weathered it lightly and creat a slight worn out atmosphere. It's not about which finish is right. It is what you want to express. Just like a real car has a way of enjoying a restore with a sense of age, a model can show the atmosphere of the time when the machine was born.

# HARLEY-DAVIDSON WL
*Elegantly and vigorously.*

## エレガントに、そして猛々しく。

ちょっと重たげにタイヤを覆う三日月。だが走り出した途端、まるで風を縫うように走る姿は、海原の碧と銀の波濤を征く純白のクルーザーのようだ

かなりモダンなスタイルのスタンダードなフォルムとなり、リアセクションのフレーム周りも情報量が一気に増えた本作。フレームにはメッキが施されているのでパーツをホワイトメタルに置き換え、ゴージャス感を演出している。金属の挽き物やエッチングパーツなどのディテールアップパーツを購入することはあっても、自作するというのはモデラーにとってポピュラーとは言い難い。だがそれでも齋藤がその手法にこだわるのは、金属という実車に近い素材が持つ重量感や磨き出しで得られる輝きを伴った質感、精緻かつモデルの剛性を得られる手段であるからだ。その手段こそが自身の作品を通じての表現方法のひとつであり、他人には簡単にマネできないオリジナリティ即ち作家性の構成案件なのだ。

It has a fairly modern style standard form, and the amount of details for the frame around the rear section has increased dramatically. Since the frame is plated, the parts are replaced with white metal for a gorgeous look. Even if you buy photo etched parts, and other detail-ups, building your own parts isn't popular with modelers. Nevertheless, Saito insists on this method because it is a means to obtain the feeling of weight of metal, which is a material similar to a real motorcycle, the shiny texture that can be obtained by polishing, and the rigidity of the model is also a benefit. This is one of the ways in which he express himself through his work, and it is a composition of originality or authoritarianism that cannot be easily imitated by others.

この作品は、外見からは1940年代以降のオリジナル、ストックスタイルのWLの雰囲気を壊さず、最低限の装備品を取り外してカスタムされたかなり上級者のアーリーボバースタイルだ。スタンダード、オリジナル感にクロームメッキパーツを多用し、見る者を引き付ける大きな特徴となっている。最大の見せ場は、クロームメッキされたフレームとフロントフォークとフィッシュテイルマフラーで、ロゴデカールのタンクとWHITE×BLACKカラーリングにすばらしいマッチングで仕上げられている部分だ。前後18インチタイヤは、40年代後半のトレンドではないが、走りを追求する乗り手には好印象。

From the outside, this model doesn't change the original stock style WL atmosphere from the 1940s and later. Minimal Customs of early style Bobber for an advanced rider. The original look and the use of a lot of chrome plated parts is a big feature that attracts viewers. The biggest highlight is the chrome frame, front fork and fish tail muffler, complete with a nice matching logo decal tank and WHITE×BLACK coloring. The front and rear 18 inch tyres are a good impression for riders who seek for a great ride.

齋藤の技法のひとつ、金属素材の磨き出しによるツヤのコントロール。モデラーの多くは塗料により光沢やツヤ消しといった質感を得る。そのほうが楽な場合が多いからだ。齋藤は金属表面の輝度を素材の選択と磨き出し、ときには表面を荒らすことで表現する。ガレージキットを送り出すメーカーという立場ゆえ金属素材への造詣も深く、またモデラーとして多くのキットを作り続けているからこそ、それら素材をどう活かせるかの目利きであり続けられる。自分の気に入った配合のホワイトメタルを成分分析し、その素材をインゴットにして保管、発注なんて普通はしない。そういうことだ。

One of Saito's techniques is to control luster by polishing metal materials. Many modelers obtain luster and matte texture by coating. It's often easier. Saito expresses the brightness of metal surfaces by selecting and polishing materials and sometimes roughening surfaces. As a manufacturer of garage kits, Saito has a deep knowledge of metal materials, and as a modeler he continue to make many kits, so he can continue to judge and use those materials. It is not common for a modeler to analyze the composition of your favorite white metal and store as ingot and order. Saito is dedicated to that extent.

# #94 HARLEY-DAVIDSON WL

*Swift motion of blood red horse.*

## 鮮血を纏う駿馬の躍動。

200マイル先にある勝利の美酒の味を知っているマシンがあるとしたら、その望みは間違いなく"壊れるまで、壊れても走り続ける"に決まっている

これまで手掛けてきたカスタムハーレーのなかでも、もっとも手が掛かっている一台がデイトナ200マイルレースを駆ったワークスレーサーだ。ワークスマシンということもあり比較的資料は多く、考証も充分に行なうことができた。200マイルという長丁場のレースに挑むためガソリンタンクはワイドサイズに改められ、またオイルタンクはシート下に移設された。ライディングポジションは前傾姿勢となるためタンク上とリアフェンダーにサポートクッションを増設。なかでも目を引くのは大きく湾曲し"フランダースハンドル"と呼ばれるハンドル形状だろう。鮮やかな深紅に染め上げられた車体には強めのウェザリングが施され、200マイルという距離の過酷さを如実に物語っている。

One of the most challenging custom Harleys he ever worked with is the Daytona 200 mile race works racer. Since it was a works machine, there were relatively many reference books and his research was sufficiently carried out. To compete in the 200 mile race, the gasoline tank was changed to a wide size and the oil tank was moved under the seat. Support cushions were added to the tank top and rear fenders because the riding position is tilted forward. The most striking feature is the shape of the handle, which is called the "Flanders handle" with large curve. The bright scarlet body of the car is heavily weathered, revealing the severity of 200 miles race.

この作品は1941年にデビューし戦後も大活躍、1951年まで走り続けたHARLEY純制のファクトリーレースマシンWRだ。WLのコンペティション（競技、レース）仕様で、フラットトラックレース、TTレースでインディアンや英国車と激戦を繰り広げ、HDの性能の高さを世に知らしめたマシンだ。作品の年代は'47、'48年以降と思われる。ディトナ200の長距離レースや、長距離TTレースで使用されたガソリン大容量のワイドタンクを採用し、同時に、オイルタンクも一般仕様のWL同様の位置へ移設されている。この作品もレース仕様の為、頭あて用のチンパッドシートとレーシングソロシート、大き目のピリオンパッドシートがセットされ、スーサイドクラッチペダル、ライドコントロール、ゼッケンプレートがレーサー仕様の印象をさらにプラスして、長距離ダートレーサーの理想的な形状を表現している。また、40年代後半以降、多くのレーサーから愛され、そして使用されたレーシングハンドルとライザー"フランダース"の作り込みは、見る者をさらにレースの世界へ引き込む。"フランダース"のハンドルとライザーのセットは、ヴィンテージハーレーLOVERには必需品的なアイテム！　エンジンの作り込みもすばらしく、ヘッド、シリンダーフィンの大型化された特徴のWRエンジンを見事に再現している。前後タイヤの土の跡も秀逸である。

This is the HARLEY pure factory racing machine WR that ran until 1951 which debuted in 1941,and was very active after the war.It is a competition spec of WL.machine that made the world know the high performance of HD by competing with Indians and British cars in flat track and TT races. The period of his works is considered to be after '47 and' 48.A wide fuel tank with a large volume of gasoline was used in the Daytona 200 and the long-distance TT races. At the same time, the oil tank was moved to a position similar to the WL of the general specification.This modelis also racing spec. So it comes with a chin rest chin-pad sheet, a racing solo sheet, and a larger pillion pad sheet. The suicide clutch pedal, ride control, and picket plate add to the impression of racer,and express the ideal shape of a long-distance dirt racer.

ワークスレーサーは他のカスタムマシンよりは資料が見つかりやすいものの、それはあくまで比較論。現代のようにレース雑誌が詳細なディテールを追いかけて写真を掲載してくれるわけではない。レースマシンゆえにエンジンのディテールも市販車とは異なるし、付随する機器類も同様だ。どうしても資料が見つからない場合には、マシンの歴史を検証する。前年や翌年のマシンと比較して、同じようなディテールが見つかればそのままの可能性も高い。繰り返すが、斎藤が作り上げるモデルは完璧な考証に基づく立体資料ではない。その時代の空気を纏った"カッコイイ"マシンなだけだ。

Refference books and materials of works racers are easier to find than other custom machines, but that's a comparison. Race magazines don't follow the details and post photos like they do today. Because of the racing machines, the engine details are different from those of commercial vehicles. If you can't find the documentation, check the history of the machine. Compared to machines from the previous year or the following year, if similar details are found, they are likely to be on the machine too. Again, the model Saito creates is not a three-dimensional historical representation. It's just a good looking machine that captures the atmosphere of the era.

# TRIUMPH 6T

*British prestige for elegance.*

## エレガントさに感じる英国面の威信。

英国車のカスタムがカフェレーサーしかないと考えるのならばいますぐにあらためたほうがいい。トライアンフはそんなに不自由なマシンではない

本作はブロンコ社のトライアンフ3HWを使用し、民間車である6Tを製作している。もともとは齋藤の主催するメーカー"SWASH DESIGN"が1/24スケールのガレージキットとして商品化すべく進めていた設計データを流用、1/35スケールに変換しパーツを製作するという裏技を使っての立体化となり、ベースキットはサドルとフレームの一部のみという事態となった。ちなみに実車はリジットサスのリアセクションだが、じつはリアハブのなかに板バネをゼンマイのように巻き付けたハブクッションという機構を有している。さすがに1/35のモデルでは再現できないが、このように実車を調べていくうちに得られる知識は新鮮で、その対象を深く知り、どんどん好きなる切っ掛けをも与えてくれるのだ。

This work uses Triumph 3HW of Bronco model to make a civilian 6T. Originally, a manufacturer "SWASH DESIGN" sponsored by Saito tried to produce a 1/24 scale garage kit, but the design data was converted to a 1/35 scale and parts were made, finally completed with only few parts from base kit which were only the seat and frames. Although the rear section of the real vehicle has a rigid suspension, but it actually had a system called hub cusion, leaf spring wound like a spring inside the rear hub to function. It's hard to replicate with a 1/35 model, but the knowledge you get from looking at a real car like this is fresh, and it gives you a deeper understanding of what you're looking for and the tips you'll love more and more.

アメリカ市場での販売を意識して作られた6T サンダーバードは以前のSpeed Twinのエンジンを500 ccから650 ccにボアアップし、ハイパワーなモデルとして発表された。模型となったモデルは1952年の一部のモデルに採用されたリジッドフレームに特徴的なスプラング・ハブが組み合わされた珍しいタイプである。スプラング・ハブとはリアホイールハブ内に収まるように設計された小型サスペンションである。また、メーターや各種スイッチが組み込まれたナセル型ヘッドライトを初めて搭載したモデルである。 34psという馬力ながら、軽量の車体で最高速度171㎞をマークした。6Tはレース好きのアメリカ人に好評で、以降英国オートバイの米国市場での販売拡大に貢献した。また、アップハンドル仕様のアメリカンカスタムされた6Tはマーロン・ブランド主演の映画『The WILD ONE』(1953年)に登場し人気を博した。

The 6T Thunderbird, designed to be sold in the U.S. It is a high-powered version of the older Speed Twin, boasting a 500cc to 650cc engine. The model is a unique combination of rigid frame and sprung hub, which was adopted in some models in 1952. A sprung hub is a small suspension designed to fit inside a rear wheel hub. It is also the first model equipped with a nacelle headlight that incorporates a meter and various switches. It has a horsepower of 34 ps and a light body and a maximum speed of 171 km. The 6T was well received by race-loving Americans and has since helped expand sales of British motorcycles in the U.S. market. The American-customized 6T with an up-handle design appeared in the movie "The WILD ONE" (1953) starring Marlon Brando and gained popularity.

タンクはボリュームが欲しかったのでABS樹脂からの削り出しで再現。6Tはバーティカルツインエンジンなのでこちらもアクリル樹脂の削り出しでシリンダーを製作している。フェンダーステーが直径0.5mm真ちゅうパイプの両端を潰したもの、といえばそのサイズ感が伝わるだろう。焼きなました洋白棒を曲げ加工して磨き出し、メッキの如き金属質感を再現したマフラーとしているのは他のハーレーと同様だ。実車は排気量649ccで34psという控え目なパワーながら175kgという軽量さで171km/hをマークするなどレース好きなアメリカ人ユーザーの獲得に成功している。 Saito wanted a volume for the fuel tank, so he reproduced it by scraping it out of ABS resin. The 6T has a vertical twin engine, so the cylinder is also made of acrylic resin. The fender stay is a 0.5 mm diameter brass pipe with both ends crushed, and you can see its size. Like other Harley mufflers, this is a metallic muffler that is produced by bending and polishing a annealed Nickel-silver stick. The actual car has a 649 cc engine and 34 ps horsepower. With light weight (175 kg) and is 171 km/h top speed, it has succeeded in attracting race-loving American users.

### CHAPTER.2
## A scene between a motorbike and people.

# Meet Death While Going at High Speed

## スピードという魔物に取り憑かれた男たち。

誰よりも速く走る。ただそれだけ。速い奴でも命を落とすことかもしれないボードトラックレース。このコースの上では、生も死も限りなく等価だ

# FLYING MERKEL RACER 1913
# INDIAN BOARD TRACK RACER
### Meet Death While Going at High Speed

## FLYING MERKEL RACER 1913

# THIRTY FIVE MOTORS

当時のボードトラックレースはモータースポーツというよりサーカスに近い興行で、危険極まりないイベントだったようだ。その証拠に毎週末のレースでは、お決まりのように命を落とすものが出る。それでも賞金と名声を欲するレーサーたちはスピードの壁に向かっていく。
　高ぶる闘争心と死への恐怖。追いやろうとしてもどっかりと自分の中に根を張っている厄介な心情。レーサーの誰もが抱くであろう、この相反する心象を表現したいと考え、2体のフィギュアに性格付けをしてみた。自信満々で胸を張り水を飲み干す男。かたやロザリオをかき抱き、レースが無事に終わることをただただ祈る男。はたしてどちらのレーサーが勝利するのだろうか。

At that time, the board track race was more like a circus rather than a motor sport. It was a very dangerous event. That's evidenced by riders death toll at weekend races. Still, those who seek prize and fame face the wall of speed. Peaking his fighting spirit and fear of death. Even if he try to chase them away, he has a bad feeling in his heart. I wanted to express this contradictory image that every racer would have, so I decided to personalize the two figures. One man drink up his water with confidence. On the other hand, a man holding a rosary and just praying that the race will be over safely. Which racer will win?

## INDIAN BOARD TRACK RACER 1913

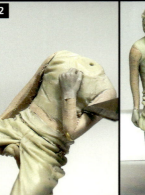

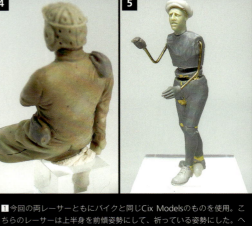

[1] 今回の両レーサーともにバイクと同じCix Modelsのものを使用。こちらのレーサーは上半身を前傾姿勢にして、祈っている姿勢にした。ヘッドはホーネットのものへ交換した。[2][3] 真ちゅう線で腕の角度を決めた後、エポキシパテを使って胸元からロザリオを出している様なポーズとする。[4][5] 寄り添うマネージャーは腰と肩に手を添え、不安を和らげているポーズにした。[6][7][8] シャツ、パンツはエポキシパテで造形。[9][10][11] 手は切り離し、先にレーサー側に接着した。塗装後、しっかり位置を出したつもりだったが微妙に変形していて腕、両手、接地の調整に苦労した。

1.Both racers this time are from the Cix Models as motorcycles. This racer leaned his upper body forward in a praying position. Replace the head with one from Hornet. 2.3.After setting the angle of the arm with a brass line, use an epoxy putty to pose as if a rosary is coming out from the chest. 4.5.The manager put his hands on his waist and shoulders to ease his anxiety. 6.7.8.The shirt and pants are formed with epoxy putty. 9.10.11. The hands were cut off and glued to the racer side first. After painting, it was slightly deformed and had trouble adjusting the arms, both hands, and placement.

# 1/35 MOTORCYCLE
## ヴィネットを作る。

本作が描くのは、闘争心と死の恐怖。「危険じゃないレースなんて、この世にはない」という言葉がすぐ隣にいる……そんなシチュエーションに置かれた3人それぞれの心情を感じてもらえるようにフィギュアを作っていく。ポージングはいわば、演技指導のようなもの。水を飲んで胸を張る＝自信。ロザリオを抱く＝畏れ。手を添える＝支え。言葉にすると陳腐になるが、その仕草を自然に引き出すのが2台のオートバイという舞台装置。人物もマシンもどちらが欠けても成立しない、小さな物語を切り取った小さな空間だ。

The work depicts fighting and fear of death. The saying "There is no race in the world that is not dangerous." is right next to it... I make a figure to feel each of the 3 characters in such situation. Posing is, so to speak, like acting lessons. Drinking water to show his pride. Having Rosario represent fear. Put your hands together showing his support. It is cliché, but the stage equipment called two motorcycles naturally brings out their gestures. A small space carved out of a small story in which can't be made without the persons and the machines.

12.13.水を飲むレーサーもホーネット製のヘッドに交換。14.腹部を切断し角度を変えるほか、ボトルの先が唇に合うように腕の角度も調整。15.16.17.18.19.角度が決まったら、隙間にエポキシパテを盛り、スパチュラとニードルでシワを造形していく。硬化後はカッターやタガネでこまかなモールドを入れる。造形に使ったエポキシパテはApoxie Clayのもの。粘度、食いつき、キメのこまかさ、硬化後の加工しやすさが好み。20.21.22.メカニックはレーサーと同じCix Modelsのものを使用。腕とヘッドだけ改造している。23.サーフェイサーを塗った後は、ラッカー系のつや消しホワイトを下地とする。

12.13.Replace the water-drinking racer's head with one made by Hornet. 14.In addition to cutting the abdomen and changing the angle, the angle of the arm is also adjusted so that the tip of the bottle touches the lip. 15.16.17.18.19.Once the angle is set, place an epoxy putty in the gap and use a spatula and needle to create wrinkles. After it is hardened, use a cutter or a chisel to mold it. The epoxy putty is from Apoxie Clay. It has viscosity, bite, texture and ease of processing after curing. 20.21.22.The mechanics are from the Cix Models as the racers. Only the arms and head have been modified. 23.After applying the surfacer, use a lacquer matte white as a base.

## 9色の油絵具で表現する
## 絵画的フィギュアペイント

**1** フィギュアはすべて赤、白、黄、青、黒、ローアンバー、バーントアンバー、マルスイエロー、ベネチアンレッドの9色の油絵具から調色している。**234** 肌塗装の手順は、基本色のあとにシャドー、ハイライトを乗せていき、乾いた筆で境目をぼかしていく。**5** 肌は基本色、シャドー、ハイライトの6色（赤、白、ローアンバー、バーントアンバー、マルスイエロー、ベネチアンレッド）から調色している。**6** シャツ、パンツ、ブーツと徐々にフィギュアの下方に向かいながら塗っていく。**78** 顔が乾燥したら革のヘッドギア、シャツと、残りの部分を塗っていけば完成。**9 1011** こちらのライダーも基本的に塗り方は変わらないが、やや顔を上げているポーズなので、シャドーとハイライトの入れ方は多少異なる。**12 13 14 15** シャツは白色なので、シャドーが濃くなりすぎないように注意した。胸のロゴはデカール付属のものを使用。**16** インディアンの車体はGSIクレオスのMr.カラー ハーマンレッドを調色せずに塗っている。**17** フライングメルケルは同じくMr.カラーのオレンジを使用。**18** ベースのコース部分は、鉄道模型用の筋入り木板を使い、コース外の地面はパテで再現。**19** 仕上げはAKインタラクティブのウェザリングペンシルで全体にこまかい汚しを入れて完成。

1All figures are painted with mixture of following 9 colors, red, white, yellow, blue, black, raw amber, burnt amber, mars yellow and venetian red. 234Put shadow and highlight after the basic skin color and blur the border with a dry brush. 5The skin is toned from 6 colors of basic color, shadow and highlight (Red, white, low amber, mars yellow, Venetian red). 6Gradually paint the figure downwards from your shirt, pants, and boots. 78When the face is dry, you can paint leather headgear, a shirt, and the rest of the figure. 91011This rider basically applies it in the same way, but it has a slightly raised face, so the way of putting shadow and highlight is slightly different. 12131415The shirt is white, so I was careful not to make the shadow too dark. The logo on the chest is a decal from the kit. 16The Indian body is painted with GSI Creos Mr. color Herman Red without color adjustment. 17The Flying Merkel painted with orange of the Mr. color also.

## CHAPTER.3
# MILITARY TYPE

# HARLEY-DAVIDSON WLA
*Noise and prestige of Military.*

## ミリタリーの喧騒と威信。

すべての無駄を廃された質実剛健の出で立ちでありながら、どこか気品の漂うミリタリーの本質を具現化した異質の駿馬

アメリカ軍仕様のWLAは45キュービックインチ (740cc)のサイドバルブエンジンと3速ギアボックスが組み合わされた民間モデルWLが基になっている。このエンジンの特徴は、再循環オイルシステムで、メンテナンスが大幅に削減された。以前のモデルは、ライダーがオイルをチェックしたり、オイルポンプを調整したり、ハンドオイルポンプを使って乗車中にエンジンを適切に潤滑する必要があった。WLAはすぐに頑丈で信頼性の高い車両として認められ、第二次世界大戦～朝鮮戦争まで、約9万台が生産された。軍用オートバイとして必要なウインドウスクリーン、レッグシールド、サドルバッグ、ガンスキャバードなどの装備が民間用WLと大きく異なる仕様である。戦後、民間に1万5千台が放出され、WLAに馴染んでいた退役軍人らが、早さを求め、軍仕様から余計なものをそぎ落とした(ボバー)を作り出したのが、カスタム文化のルーツだと言われている。

The WLA of the US military specification is based on the private model WL which combined side valve engine of 45 cubic inches (740cc) and 3 speed gearbox. The engine features a recirculating oil system that greatly reduces maintenance. The WLA was quickly recognized as a sturdy and reliable vehicle, producing about 90,000 units from World War II to the Korean War. The equipment necessary for a military motorcycle, such as a window screen, a leg shield, a saddle bag, and a gun cover, has specifications that differ greatly from those of the private WL. The custom culture is said to have its roots in the creation of the (Bobber) by stripping away unnecessary elements from military specifications in order to speed up the release of 15000 cars into the private sector after the war.

イタレリのキットはハーレーをはじめ、とかく繊細さを感じさせるパーツ構成が特徴的だ。その細さ、薄さからパーツ自体の剛性不足を感じることも少なくないため、金属線によるフレームの自作はもはや必須工作であり、ディテールを再現するためのエンジンパーツの修正もルーティンワーク。新しい資料、工作機械の進歩、またこれまでと違う素材の登場。だが齋藤の現在と過去の作品とを並べても大きな違和感を感じない。それは決して進歩や変化がないからではない。その根底にある、オートバイと人、どちらが主役でどちらが脇役ではない、どちらも欠かせないピースという想いだけだ。

The Itareri kits are characterized by its delicate parts like this Harley. Because of its thinness, it is not uncommon to feel that the rigidity of the part itself is insufficient, making a frame with metal wires is now a must, and it is also routine work to modify the engine part to reproduce the details. New materials and advances in tools are very common thing now days. However, there is no great sense of incongruity between Saito's works in the present and past. It is not because there is no progress or change. It is based on the belief that a motorcycle or a person plays the leading role. And both are of essential pieces.

## Harly-Davidson WLA45

イタリアのモデルメーカー、イタレリ社製のプラモデルをベースに手を加えているが、これらは齋藤が1/35オートバイを作り始めた時期の作品であり、当時はスポーク用のエッチングパーツ程度のディテールアップパーツしか市場に流通していなかったことを考えると、真ちゅう線や薄い金属板などの自作パーツも含め、その工作の丁寧さが現在でも遜色ない仕上がりであることがわかる。オートバイと人物、それを切り取った小さな空間の構成はまるで一幅の絵画のようであり、ヒストリカルフィギュアを己の源流とする齋藤ならではの世界観を見る者に伝える。

Based on plastic model by Italian model maker Italeri. These works were made when Saito started to build 1/35 motorcycles. Considering the time, detail up parts on the market were very limited. The details of the workmanship, including handmade parts with brass wires and thin metal plates, makes this model just as good as today's standard finish. The composition of the motorcycle, and the figure within the small space where like it was cut out from painting. Saito's shows his historical figure root.

# GILERA LTE500 MILITARE

第二次世界大戦中のイタリア軍車両を中心に商品展開しているイタリアのモデルメーカー、モデルビクトリア社のウレタン樹脂製キット。製作時期はまだネット環境も整っておらず実車資料を探すのも困難な時代、ゆえにキットのディテールを信じてストレートに製作。キットには着座姿勢の兵士が付属するが、着座させるとエンジンのディテールなどのアピールポイントが隠れてしまう。本作ではフィギュアを自作しブレーキホースなどのコード類を追加しただけである。自車両の商品化ということでリサーチも行き届いており製品のクオリティは非常に高い。

Italian model maker Model Victoria's urethane kit, which focuses on Italian military vehicles from World War II. It was made in a time when it was difficult to find the actual car data because the internet was not ready yet, so he made it straight out of the box believing the details of the kit. The kit comes with a soldier in a seated position, but since the details of the engine and other appealing points are hidden when he sits down, he made his own figure and added cords such as brake hoses. The research their home county car is thorough and the quality of the product is very high.

# MOTORICICLO BENELLI M36 500C.C.

イタリアのモデルビクトリア社製のキット。このような3輪に改造された車両はイタリアのみならずハーレーなどでも散見できるのだが、ウレタン樹脂製とはいえきちんとキット化されていることがめずらしいアイテムだ。これもキットをストレートに組み立て、フィギュアは自作。荷台の荷物は他のキットから流用している。マシンのフォルムだけでも充分に魅力を感じるが、それを引き立てているのが傍らに寄りかかってリラックスているフィギュアの存在。ベネリと兵士、このふたつが組み合わさることで、いまを生きているこの兵士の"人生の断片"が伝わってくるのだ。

A kit made by Italian model Victoria. These three-wheeled vehicles can be seen with Harley as well as Italian vehicles, but even though they are made of urethane resin, the kit is rare. The kit is also straight out of the box and the figure is scratch build. The luggage on the carrier is diverted from another kit. The form of the machine alone is very appealing, but the figure which leaning on the side is what makes it stand out. The combination of Beneli and the soldier conveys the "a fragment of life" of this living soldier.

## CUSHMAN 53

1903年、ネブラスカで設立された小さなエンジンメーカーの名をもっとも著名にしたのがこの空挺用スクーターだ。パラシュートで兵士とともに降下することのできる空挺用バイクはアメリカのみならず各国で製造されており、またそのコミカルなフォルムは人気も高い。モデルはホーネット社製のキットで、ホワイトメタル製のパーツのみで構成される。この作品もフィギュアは自作している。コンパクトでコミカルな印象を与える車両ではあるが、むしろ誇らしげにポーズを決める空挺隊員の表情からは、この小さな相棒に対する絶大な信頼すら感じられる。

The small engine company, established in Nebraska in 1903, became famous with this airborne scooter. This scooter capable of parachuting with soldiers are manufactured not only in the United States but also in other countries, and their comical form is very popular. The model is Hornet's kit with only white metal parts. He also made his own figure. Although it is a compact and comical vehicle, the faces of the paratroopers who pose proudly show the enormous trust in this little fellow.

## ZUNDAPP K750

1/35スケールのツンダップといえばタミヤかイタレリしかなかった時代の作品だが、いまみてもイタレリ製キットのシャープさを感じるフレームの造形は惚れ惚れする。安定感のタミヤに対し、かなり攻めた設計との印象が強い。それまでタミヤしか知らなかった模型少年たちにとって、まさに黒船襲来といった趣であった。本作はオートバイの隣に佇む兵士という構図だが、所謂記念撮影のスナップ的なものを意図している。銃を構える勇猛果敢な戦闘中のポーズではなく、この兵士のひととなりが伝わるような一瞬を切り取る。齋藤の作品すべてに共通するテーマである。

This 1/35 scale Zündapp was made in the days when only Tamiya and Italeri Zündapp were available, but even now, the sharpness of the Italian-made frame is fascinating. There is a strong impression that the design is quite aggressive against Tamiya, which feels stable. For the model boys who knew nothing but Tamiya until then, it was shocking model kit. The Saito's signature composition, a soldier standing next to a motorcycle, is in effect but it is intended to be a snap of a so-called commemorative photograph. He cuts a moment that conveys the character of this soldier, rather than a bravely fighting pose with a gun. These are the themes of all of Saito's works.

# DKW NZ350

戦車模型のアクセサリー的な位置付けで製品化されたモデルで、まさにタミヤフォーマットと呼べる一品。少ないパーツでもしっかりとしたディテールが施され、あっという間に組み上がる。その反面、タイヤとフェンダーが一体化されるなど大胆に簡素化されたパッケージングであるが、組み上がるとその弱点を感じさせないところがいかにもタミヤらしい。本作ではそれら一体化された部品をていねいに切り離して整形、個々の機構を持つパーツとなるよう2~3個の同製品を使用してこの1台を仕立て上げている。そう、オートバイは脇役のアクセサリーではなく主役なのだ。

It has been produced as an accessory to tanks model, and it can be called Tamiya format with assembled in a blink of an eye. The parts are drastically simplified by integrating the tire and fender, but when assembled, it does not show any weakness, which is characteristic of Tamiya. In this product, the integrated parts are carefully cut apart and shaped, and same few kits are used to make this 1 piece. Yes, motorcycles are the main role, not the accessory or the supporting role.

# BMW R75

もともとアフリカ系のサンドカラーや短パンのような軽い服装が好きな齋藤だが、本作では欧州の戦線とは異なった"太陽"という第二の強敵がいることを感じさせる仕上がりとなっている。オートバイはサイドカーと同様にイタレリの製品を使用し、各部の金属パーツへの置換によるディテールアップを行なっている。フィギュアはドラゴンの三号戦車に付属のものを使用しているが、帽子を取り額の汗をぬぐい、天を仰ぎながら「熱っちぃ」とぼやいているやるせなさを形にすべく製作開始。オートバイのやれ具合と、赤く焼けた肌の色がこの地での日の浅さを浮き彫りにする。

Although he originally liked light clothes like shorts and African sand colors, this work makes us feel that there is a second formidable enemy, "Sun" which is different from the battle line in Europe. Like the sidecar, the motorcycle is Italeri kit, and the details are improved by replacing the parts with metal parts. As for the figure, the one included with Dragon Panzer III was used. He took his hat off, wiped the sweat off his forehead, and looked up at the sky while complaining how hot it is. The condition of the motorbike and the color of his red skin highlight his short stationed time at this place.

## BMW R75 with Sidecar

イタレリ製のキットをベースに製作。フレームを真ちゅう線にて自作、また洋白板などの金属板も使用しディテールアップを施した。兵士はアルパイン社製のフィギュアを使用、フィギュアの高いクオリティを受け、サイドカーとアルパインのフィギュアを絡めたい、との思いから製作に至った。兵士の装備品もオートバイに施されたデザート迷彩のカラーから彼らが熱砂のアフリカ戦線に赴いていることがうかがえるが、やや緊張した面持ちで双眼鏡を外したふたりの視線の先にある"何か"と、ふたりを運んできたサイドカーのやわらかな曲面の対比こそが見どころである。

Based on a Italeri kit. The frame was handmade with brass wires, and a metal plate such as a white metal sheet was used to add detail. The soldiers are from very high quality Alpine miniatures. Saito wanted to mix those great figures with sidecars. Soldiers' gear and the desert camouflage colors on their motorcycles show that they are at the African front in hot sand. The contrast between the somewhat tense expression of the soldiers and the softly curved surface of the sidecar is particularly striking.

## CHAPTER.4
## MAKING OF
## THIRTY FIVE MOTORS

## タイヤ、リム、スポークの位置関係を改める

[1][2]キットのタイヤを2分割し、リムの裏側を削りハブをスポークでサンドイッチする方式に改める。[3][4][5]民生用スポークのエッチングパーツは自作。ついでに他の車種用のものも一気に作ってしまった。[6]エッチングパーツとリムの間に生じた隙間は、エポキシパテで埋めて処理した。

1.2.The tire of the kit is divided into two parts. The back of the rim is shaved and the hub is sandwiched by spokes. 3.4.5.The etching parts of the civilian type spokes are made by Saito himself. He also made spokes for other models at same time. 6.The gap between the etching parts and the rim was filled with epoxy putty.

# 無いものは作る
## その熱意と根気が驚異の作品を生む
## 齋藤マサヤ流、1/35 MOTORCYCLE製作法。

プラモデルの設計は引き算の美学、などと例えられる。良くも悪くも縮尺に合わせて実物をスポイルした工業製品がプラモデルだ。ゆえに薄さや細さといった精密感を演出するためには、エッチングパーツは相性が良い。とくにオートバイ模型の精密感を演出するスポークの置換は、難易度が低くコストパフォーマンスも高い。モデラーでありメーカーである斎藤は、作りやすさと再現性、コスト面まで考えてエッチングパーツの設計を行なう。見た目がよくなるから自作する。簡単にカッコ良くするパーツを生むのは簡単じゃない。

The design of plastic models can be likened to the aesthetics of subtraction. For better or worse, the plastic model is an industrial product that is spoiled to scale. The etching parts are great item in order to produce a precise look. Specially, the replacement of the spoke,which produces the precise look of the motorcycle model is not too difficult and has good cost performance. Saito, a modeler and manufacturer, designs etching parts considering the ease of fabrication, reproducibility and cost. he make his own because it looks better. It's not easy to create simple parts that make the model look good.

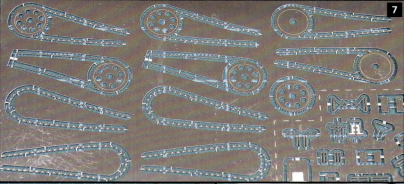

## 実物の厚みに近づけるエッチングパーツでチェーンを再現する

**7 8** 市販されているチェーン用のエッチングパーツは薄すぎるものが多いため、これも自作。**9** 裏、表の2枚貼り式なので、スケール相当の厚みと両面のディテールを確保した。**10** 引いて見るとまったく違和感がないのがわかる。

7.8.Many of the etching parts for the chains on the market are too thin, so he made them himself. 9.The double layer on the back and front ensures a thickness equivalent to the scale and details on both sides. 10.You can see how natural it look.

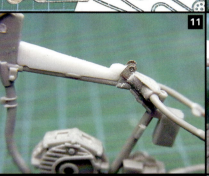

## サドルの自作が個性的な作品を生む

**11 12** フレーム側にはサドルを受けるヒンジとスプリングを追加。**13** サドルは多様なものがあり、カスタムの個性を表現するアイテムだ。スプリング式サドルは見た目の変化が大きく、車両の方向性を表現できる。**14 15** サドルの裏側にヒンジとバネを受けるピンを設け、車体に取り付ける。

11.12.The frame side hinges and springs for the saddle are scratch build. 13.There are various types of saddles, and they express a custom personality. The spring-type saddle makes a big change in appearance and can express the direction of the vehicle. 14.15.Hinge and spring-receiving pins are attached to the back of the saddle.

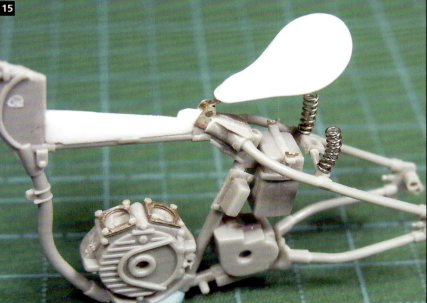

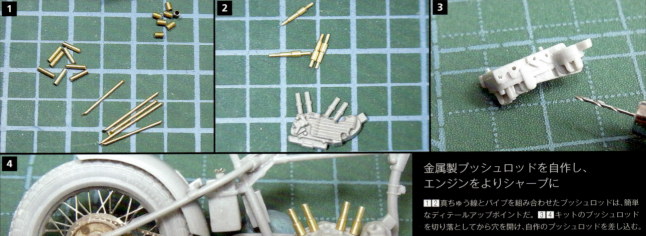

## 金属製プッシュロッドを自作し、エンジンをよりシャープに

[1][2] 真ちゅう線とパイプを組み合わせたプッシュロッドは、簡単なディテールアップポイントだ。[3][4] キットのプッシュロッドを切り落としてから穴を開け、自作のプッシュロッドを差し込む。

1.2. The pushrod, a combination of brass wire and pipe, is a simple detail-up point. 3.4. Cut off the push rod of the kit, then make a hole and insert your own push rod.

## 積層したエッチングパーツで緻密なエンジンを再現する

[5] いかに出来の良いキットでも、エンジンフィンは精細さに欠ける。そこで原型製作用にエッチングパーツを自作。[6][7][8] 実車と同じ枚数を積層し、半田付けで組み立てた。[9] のちのちの塗装を考え、レジンキャストでパーツを複製しておく。

5. No matter how good the kit is, the engine fins lack detail. So he made his own etching parts for original molding. 6.7.8. The same number of sheets as the actual vehicle were stacked and assembled by soldering. 9. Considering the later painting, duplicate the parts with resin cast.

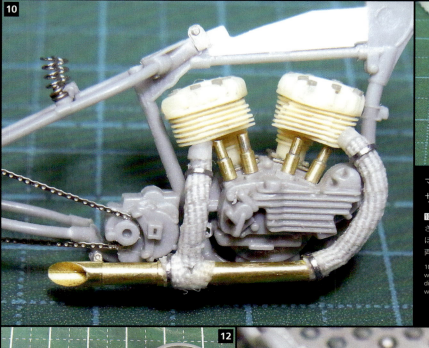
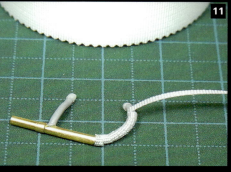

## マフラーに巻かれた
## サーモバンテージを再現する

**10** マフラーの熱からライダーを守るサーモバンテージを巻いて、さらに個性を出す。**11** 細切りのテーピングを用意し、布部分のほつれ対策に薄めた木工ボンドを染み込ませてから巻きつける。両端のバンドは細切りの鉛板を使用した。

10.Thermo vantage that protects the rider from the heat of the muffler is wrapped to add more individuality. 11.Prepare taping strips, soak in diluted wood glue to prevent fraying of cloth, and wrap. Thin lead plate was used at both ends of the band.

## 各部のディテールアップと
## 自作パーツで民生仕様へ

**12** 民生車の証であるフェンダーのサイドパネルを自作。**13 14** ボルトの置き換えは精密感を高める。キットのボルトは切り離し、金属やレジン製のパーツに置換した。**15 16** タンクはプラ材や金属パーツでディテールを足し、裏には配管コネクターを設けた。

12.He made the side panels of the fenders, which are the proof of civilian motorcycle. 13.14.Bolt replacement enhances precision. The kit bolts were removed and replaced with metal or resin parts. 15.16.The tank was made of plastic and metal parts, and a piping connector was installed at the back.

エッチングパーツをふんだんに盛り込んで情報量を上げる

1 2 3 こまかいパーツに薄さと強度を求めてエッチングパーツを自作。4 5 6 フットボードは基板とゴムが別部品であることを強調。7 8 キットでは表現が難しいシフトリンケージのパターンも再現。9 10 11 薄さがほしいステーやペダル類は特に効果的。

1.2.3. He made etching parts for the thinness and strength of small parts. 4.5.6. Footboard emphasizes that the board and rubber are separate parts. 7.8. The pattern of shift linkage which is difficult to express in the kit is reproduced. 9.10.11. Stays and pedals that need to be thin. They are especially effective.

## リンクロッドを自作して
## より各アームの機能を強調する

**12 13 14** 1/35では0.1〜0.2mmの金属線や薄板でリンケージやロッドを作る。パーツそれぞれの役割や仕組みがわかる情報として盛り込むことで、機械としての見どころとなる。

12.13.14.In 1/35, 0.1 ~ 0.2 mm metal wire and thin plate make the linkage and the rod. Information on mechanism of each part is included as a highlight of the machine.

## 部分ごとに違う質感を意識した塗装

**15 16 17** 同じ黒系のタイヤとリムだが、少しのツヤや色味の違いで、ゴムと金属の違いを表現できる。**18 19 20** エンジンはさまざまなパーツが集中する部分。質感が均一にならないようにそれぞれの質感表現に注意する。**21** 車両のカラーリングを代表するタンクは、ツヤの加減ひとつで大きく印象を変えてしまう。

15.16.17.The tires and rims are the black, but the difference between rubber and metal can be expressed by controlling the gloss amd tone. 18.19.20.The engine is where the various parts are concentrated. Pay attention to each texture so that expressions are not uniform. 21.The tank that represents the vehicles coloring changes the impression depending on the amount of gloss.

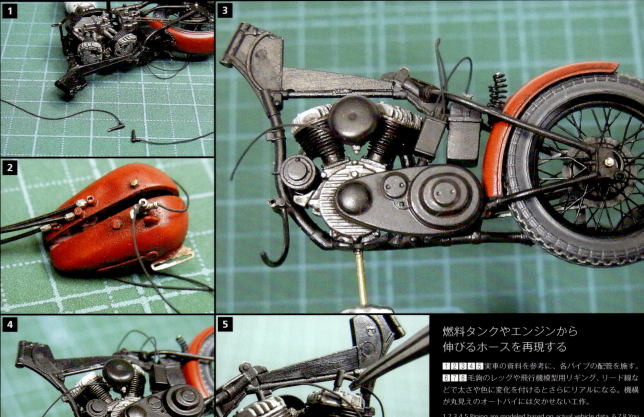

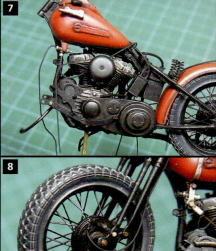

燃料タンクやエンジンから
伸びるホースを再現する

1.2.3.4.5 実車の資料を参考に、各パイプの配管を施す。
6.7.8 毛鉤のレッグや飛行機模型用リギング、リード線などで太さや色に変化を付けるとさらにリアルになる。機構が丸見えのオートバイには欠かせない工作。

1.2.3.4.5.Piping are modeled based on actual vehicle data. 6.7.8.You can make it more realistic by changing the thickness of pipes with rigging for airplane models and lead wires and hair from lure. They are important for a motorcycle with a fully visible mechanism.

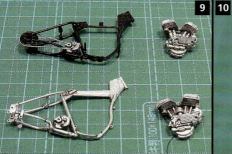

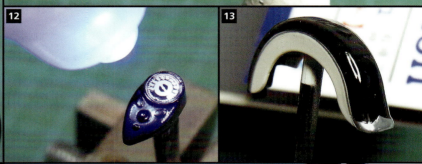

## メッキフレームの魅力を最大限に引き出す

**9.10.11** メッキ表現は複製したメタル製のフレームを磨き上げて再現。**12** メーターのガラスはUVジェルを使用した。**13** フェンダーなどはツヤありで塗装。**14** 赤い塗料を混ぜたUVジェルでテールランプを自作した。**15** 金属研磨による光沢が、塗装では味わえない重厚感になって現れている。

9.10.11.The plating expression is reproduced by polishing the duplicated metal frame. 12.UV gel was used for the glass of the meter. 13.The fenders are painted with gloss colors. 14.Tail lamp is modeled with UV gel mixed with red paint. 15.Metal polishing has developed into a deep shine that cannot be expressed by painting.

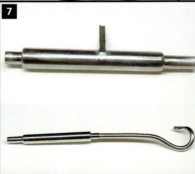

[1] タミヤのBSA M20をM23に改造する。一体化されたパーツが工作の支障になるので2台用意する。それぞれフレーム、フェンダー、タイヤ、タンクなどを分離して利用する。[2][3][4]エンジンはブロンコのトライアンフ3HWを流用してディテールアップ。[5]フレームの一部は真ちゅうパイプで再現。[6]フロントフォークと本体の取り付けはネオジム磁石を利用。[7][8]マフラーは自作し、エグゾースト部は焼き鈍してアールを付けた。

1.Tamiya BSA M 23 is converted to M 20. Two kits were prepared because the integrated parts would interfere with the build. The frames, fenders, tires and fuel tanks are separated from each other. 2.3.4.The engine is from Bronco's Triumph 3HW to improve the details. 5.Part of the frame is reproduced by brass pipe. 6.neodymium magnets are used for the front fork and main body. 7.8.The muffler was handmade and the exhaust was annealed and rounded.

## 複数のキットからパーツを流用して
## 解像度を上げる工作法。

### BSA M23 SILVERSTAR

最近の1/35オートバイ模型はずいぶん精密になってきた。単品での発売はあるものの、エッチングパーツなどの異種素材を同梱すれば商品の単価が上がり、痛し痒しの状況だ。タミヤの1/35オートバイは、わずかなパーツ点数で容易に完成する気軽さがある。反面、作り込もうと考えるとタイヤとフェンダーのように一体化されたパーツへの対応が必要だ。そこでキットを2台用意してパーツを分離、ディテールを追加加工するという手がある。安価なプラモデルならではのニコイチ。プラモデルはもっと気軽に楽しんでいいのだ。

The recent 1/35 motorcycle model has become much more precise. Although it is sold separately also, different materials such as etching parts are often included with the kit. The Tamiya 1/35 motorcycle is easy to complete with a few parts. On the other hand, it is necessary to deal with integrated parts such as tires and fenders. You can use two kits to separate parts and add details. With combining two low-cost plastic models and you can enjoy plastic models more easily.

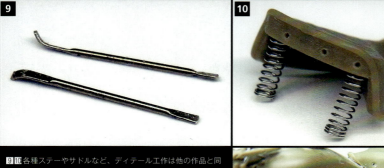

9 10 各種ステーやサドルなど、ディテール工作は他の作品と同様のフォーマットで行なう。11 12 13 繊細さと強度がほしい部分は真ちゅう線を使い、メッキ感が必要な部分は洋白線を使う。14 15 複雑で曲率が高い場合はバーナーで炙って焼き鈍しをすると加工しやすくなる。

9.10.Details such as stays and saddles are made with the same format as other works. 11.12.13.Brass lines are used for sensitive but parts that need strength.  Nickel-silver wires are used for parts that require plating. 14.15.If it is complicated and has a tight curvature, it is easier to process it by heating it with a burner and then annealing it.

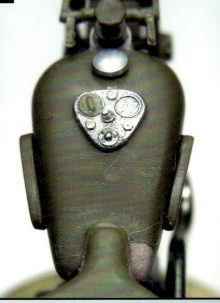

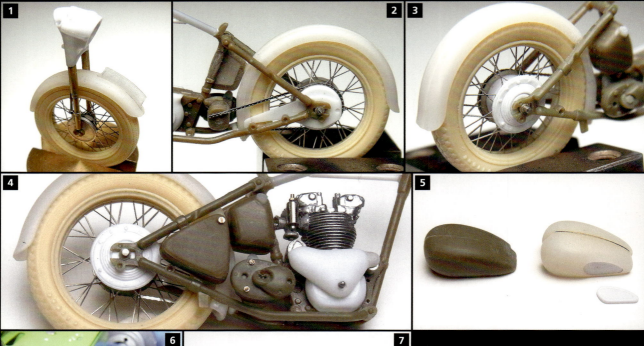

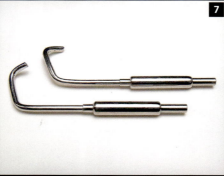

1.2.3.トライアンフ6Tはブロンコの3HWをベースにスクラッチビルド。じつはSWASH DESIGNで1/24版を企画していたため、すでにデータがあることから原型製作の志渡氏が1/35のパーツを製作。前後フェンダー、リアハブなど白いパーツは作り起こした。4.8.エンジンを大型のものに変更するため、エンジンブロックは拡張。5.6.7.大型になった燃料タンク、2本出しのマフラーも自作した。

1.2.3.Triumph 6T is a scratch build based on Bronco 3HW. In fact, SWASH DESIGN was planning a 1/24 version, so Mr.Shido, who produced the prototype, made 1/35 of the parts because they already had data. White parts such as front and rear fenders and rear hubs were scratch made also.
4.8.The engine block was expanded as the engine became larger.
5.6.7.Scratch built a large fuel tank and a two-pronged muffler.

## 大型エンジンへの換装と
## それに伴う各部の仕様変更。

### TRIUMPH 6T

1/35オートバイ模型は大半が軍用モデルで製品化されているため、ポピュラーなプランとしては軍用から民間用への改造が挙げられる。なんでも自作してしまいそうな齋藤だが、ベースとなるキットがあれば当然、改造のほうが楽に感じる。仮に形状が多少違ったパーツがあっても、気にならないレベルであればそのままだ。そうはいいつつ、本作はもともと自社製品企画 1/24スケールガレージキット トライアンフ6Tの設計データを流用し1/35スケールの各部パーツを製作。実車の寸法そのままよりも完成時の見た目のバランスでサイズを調整している。

Since most of the 1/35 motorcycles are manufactured in military models, the most popular plan is to convert them from military to civilian use. Even Saito will make whatever necessary, but if he has a base kit, it's easier for him to modify. Even if some of the parts are slightly different in shape, if it doesn't bother him, he usually will leave them as they are. That being said, this model was originally designed using the data of his company's 1/24 scale Triumph 6T to produce parts in 1/35 scale. It is adjusted by the balance of appearance rather than the actual scaled size.

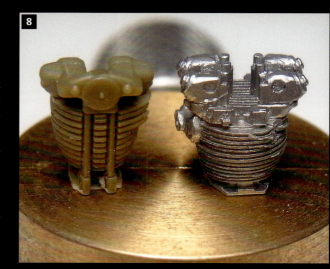

9.10.大型化したエンジンにより、クリアランスの調整に手間取った。11.12.13.フロントフォークは真ちゅう棒を旋盤加工して製作。ブレーキはアルミを削り出している。14.15.エンジン周りの情報量とツインマフラーで元の3HWよりグラマーになった。

9.10.It took time to adjust the clearance because of the larger engine. 11.12.13.The front fork was manufactured by lathe processing of brass rods. The brake is shaved aluminum. 14.15.The information around the engine and twin muffler make it more glamorous than the original 3HW.

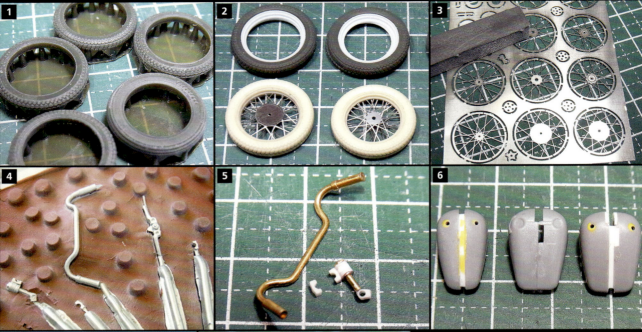

1.2.3.ハーレーのWRは19インチのダート用タイヤが必要となる。株式会社プレストの小松憲史氏に協力を仰ぎ、16,18,19インチ、トレッドパターン3種を3D出力した。出力したものを旋盤加工したリムと組み合わせ、レジンで複製して使用。4.5.ハンドルは真ちゅう線でマスターを作り、ホワイトメタルに置き換えた。6.7.8.大型化した燃料タンクと、サドル下のオイルタンクを製作。9.エンジンは定番のディテールアップを施した。

1.2.3.Harley's WR requires a 19 inch dirt tire. With the cooperation of Mr. Kenji Komatsu of Presto Co., Ltd., 3 tread patterns of 16, 18 and 19 inches were outputted in 3D. The the 3D piece is combined with a lathed rim, and duplicated with resin. 4.5.The handle was made of brass wire and replaced with white metal. 6.7.8.A larger fuel tank and an oil tank under the saddle were manufactured. 9The engine has received the standard details-ups.

## 個性を生み出す自作パーツの
## 製作と汚し塗装。

### HARLEY-DAVIDSON WR

オート系モデラーの自作パーツとして、とくにハードルが高いのがタイヤとホイールだが最近では3D-CADによる設計と3Dプリンターでの出力で自作可能な環境になってきた。模型用塗料も国内外の塗料メーカーからウェザリング（汚し）専用カラーや高い質感を得られるテクスチャーなどが発売されている。これら新しい"道具"をうまく使いこなすことで、モデルの表現の幅を広げることができる。また塗装は万が一失敗しても塗り直し可能だ。実車の汚れを観察したり、自分に合った塗装方法を探すのも楽しみかたのひとつなのだ。

The tires and wheels are the most difficult parts to reproduce for auto modelers, but now they can be make it using 3D-CAD design and 3D printing. As for model paints, weathering colors and high quality textures paints are available from manufacturers in Japan and overseas. By making good use of these new "Tools", you can expand the range of representations of your model. It can be repainted even if it fails. It is one of the fun ways to observe the dirt of the actual car and find the painting method that suits you.

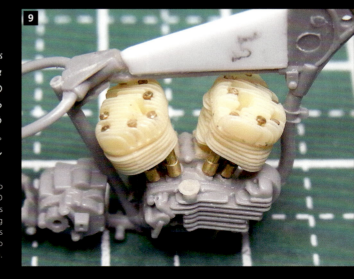

10.11.12.ビンテージバイクをレースに使っている設定。いまでも実働している様子を出すため、AKインタラクティブのエクストリームメタルで塗装した後、傷や汚れを再現している。13.14.15 燃料タンクやフェンダーは金属色、プライマー、ボディカラーの順に塗り、鋭利な刃物でひっかき傷を再現。16.17 レーシングポジション用革パッドを追加し、レーサーらしさを強調した。

10.11.12.A vintage bike used for racing. To make it look like it's still working, they paint it with AK Interactive's Extreme Metal and then the scratches and dirt were applied. 13.14.15.The fuel tanks and fenders are painted in the order of metal, primer, and body color, and the scratches are reproduced with a sharp knife. 16.17.Leather pad for racing position was added to emphasize racer's style.

## CHAPTER.5

## "本物"をもっともよく知る男、安井 篤との邂逅。

Encounter with Atsushi YASUI, the man who knows "real" best.

バイクそのものが経験した当時の世界や時間。その空気に自分たちの歴史も継ぎ足して世界観を再現することがヴィンテージバイクの魅力。

Photographs:Yuriko Omura

齋藤マサヤ氏が本書を作るにあたり、アパレルブランド「フリーホイーラーズ」の代表 安井 篤氏との対談を熱望した。安井氏はカスタムハーレー界の第一人者と目されている人物である。「誰よりも本物を知る人物に、自分の作品を見てもらいたい……」、そんな齋藤氏のラブコールに対し安井氏は快諾。ヴィンテージバイクに異なる角度から向き合う二人に、それぞれがかける熱い情熱を語り合ってもらった。

―― 斎藤さんと安井さんはどのようなご関係なんでしょうか。

**齋藤** 僕が安井さんのことを知ったのは、当時自分がダートレーサーみたいなハーレーを作っていたときに、当然日本では見られないから資料をインターネットで探していた時です。「レースオブジェントルメン」っていう砂浜を走るレースがあって、みんなに「SUSHI」なんて呼ばれている日本人が参戦していて……。

**安井** ははは。

**齋藤** で、まさかそのSUSHIさんが「フリーホイーラーズ」の安井さんだったなんて、その時は全然繋がっていなかったんですが、「ローラーマガジン」にも登場されているのを見て、「この人はただ者ではない」という感じでした。それで、この方が「ホットロッドショー」に出るっていうのがわかって、「絶対この人に会いに行こう」と思って会場でご挨拶させていただいたんです。

**安井** そうですね。『ホットロッドカスタムショー』という、横浜で毎年「ムーンアイズ」さんが主催している日本でいちばん大きい車とバイクのショーがあります。我々「フリーホイーラーズ」はこの5、6年、毎年出店をしているんです

けれども、昨年、齋藤さんが我々のブースにお越しいただいたので、そこでいろいろとお話をさせていただきました。それが最初の出会いでしたね。

**齋藤** いろいろ拝見させてもらって、「レースオブジェントルメン」の話や、実際に出展されていたマシンを見たりしているとき、「僕は模型をやっている」という話をしたら、安井さんがグンゼ産業のハイテックモデルシリーズの話をされたんです。その瞬間、「あ、この方はバイクも模型も好きなんだ」ということがわかり、凄い好きになったんですよ。後日、この本の編集担当さんから「この本を出すにあたり、誰に会いたいですか？」と聞かれて、もう安井さんのことしか浮かばなかったんです。

**安井** ありがとうございます。齋藤さんの作品はインスタグラムに投稿されているものをいくつか拝見しています。今回の実物を含めて、実際「ほしい」って思わせる非常に魅力的なものばかりです。

**齋藤** ありがとうございます。

**安井** 齋藤さんのすばらしいところは、自分でよく調べられているところですね。「レースオブジェントルメン」もご存知だし、「アメリカンピッカーズ」も観られています。斎藤さんが作られているものって、わざとタイヤにエイジングをして、ダートを走っていくような表現がされていて、ヴィンテージバイクのが魅力を引き出しています。私もいわゆるタミヤの1/35ミリタリーミニチュアシリーズというものは知ってはいたんですけれども、それと同じスケールで私の好きな世界――サイドバルブをベースとした30年代、40年代のハーレーダビットソンを、タイヤサイズまで含めて自ら作られている。これには正直驚きました。しかも話をすればするほど、やっていること自体は全然違うかもしれないですが、斎藤さんの作品製作に対する気持ちが、私が仕事やライフスタイルでバイクに関わっているときの気持ちと多くの共通項があると感じました。これを実際にハーレーとかに乗ってる人にも知られる方法ってないのかなぁ……って、僕は思ってしまいましたね。

**齋藤** そういう方々と接点がないんですよね。

**安井** そうなんですね。僕自身はそういう人たちにこそ見てもらいたいと感じます。

**齋藤** ありがとうございます。そういう方々にももっともっと知ってもらいたいと思っています。

**安井** 「1/35スケールのオートバイ」っていうもの自体、ひとつのジャンルとして存在しているわけじゃないんですよね？

**齋藤** そうですね。まだ、ひとつのジャンルとして確立されているわけではないですね。そもそもがミリタリーモデルのオマケみたいな存在でしたから。ほんとにオートバイの模型を作りたい！ って人は、1/9スケールとか1/6スケールのもっと大きなものを作るんですよね。

**安井** わかります。1/9とか1/6のものは僕も知ってますけど、やっぱり場所的な問題も含めて置いておけないですよね、なかなか。グンゼ産業のバイクって1/24でしたっけ？

**齋藤** あれは1/12かな。そういうおおきいものは1回作ったらもういいかなぁ、ってなっちゃうんですよね。

**安井** お腹いっぱいになっちゃいますね。しかも、大きいから見れば見るほど粗が見えてきちゃうというか……。

**齋藤** そうですね。やっぱり日本人の感覚でいうミニチュアの体格って、こうちっちゃくて手の平サイズで……ほんとに大きなものがギュッと小さく集約されている感じだと思うんですよ。大きいスケールのものは、よくできていると感心はするけど、「ミニチュアとしての魅力があるか？」って言われると、僕はあまりそう思わないんですね。もちろん見栄えは良くて、老眼にも優しいけど。（笑）

―― 安井さんの模型遍歴をお聞かせください。

**安井** 模型遍歴ですか？ 私は兄と弟の3人兄弟なんですが、兄が僕の6個上なんです。齋藤さんに近い世代ですね。私なんかよりもすごく手先が器用な兄だったんで、私が幼稚園ぐらいのころからちょこちょこ模型を作っていたんです。そのころから、塗装もやっていた人で、私が物心ついたときには、タミヤの6輪タイレルとか作っていましたね。

**齋藤** シックスホイラーですね。

**安井** あれが、現役で走っていた頃ですね。ニキ・ラウダが乗っていたフェラーリ 312T2とか、ウルフとか……。そのへんのものを兄が作っていて、それをヨダレを垂らしながら見ていたようなちびっこでした。そういうのを経て、次はガンダムですね。私がちょうど小学校5、6年生の頃、再放送でムーブになったっていう歴史があったと思いますが、まぁガンダムがほしくても買えない、並ばないと買えない、そういう世代でした。で、まぁ、これは幸か不幸か、私の母方の祖母の家の近くに結構有名な……あ、京都なんですけれども、プラモデル屋さんがありまして、おばあちゃんの家に行っては、そこに入り浸っていました。だから当然、ハセガワの飛行機、タミヤの戦車、あと車も。いろいろと買いましたね。あのときエルエスってもう名前エルエスだったかな？ ちょっと憶えていないですけれども。

**齋藤** 1/32のオーナーズクラブシリーズですね。

**安井** そこからもうちょっとしてから、中学、高校生くらいかなぁ、そのころに発売されたのがグンゼ産業さんのハイテックモデルシリーズですね。あれがメッサーシュミットや、BMW イゼッ

タがあったりね。トライアンフの車だったりとか。
**齋藤** ハイテックモデルは作るの難しいよね。
**安井** 難しいですね。パッケージもシュリンク状態で、中が見られなくて。まぁ、あれを見たときはやはり衝撃でしたね。「こんなに精密なキットがあるんだ！」と。ただ、当時の『ホビージャパン』や『モデルグラフィックス』でも、すぐに作例記事が載る、ってのは少なかったような気がします。
**齋藤** 多くはなかったですね。
**安井** だから「これは自分で買って作るしかない！」って思ってしまい……。まぁ、なんで10代でそんなものがどんどん買えるの？ って感じでしたけど、そこはおばあさんのお手伝いをして、お小遣いもらいながら。
**齋藤** 高くなかったですか？ 当時いくらしたんですかね？
**安井** 4000円、5000円、6000円……ものによって値段のバラ付きがありました。バイクは結構高かったんじゃないかなぁ。
**齋藤** メタルパーツが多かったですよね。フレームからなにから。
**安井** スポークも1本1本取り付けていく、っていう世界でしたから。
**齋藤** あれは子供に作れる模型じゃなかったですよね。
**安井** そうですね。ほかには、タミヤのいちばん大きいバイクは1/6でしたっけ？ それとか、エンジンの模型とか、機械の構造を勉強できるものも好きでした。ただ、齋藤さんがおっしゃっていたように情景、状況のある風景やスナップをそのままミニチュアとして表現するダイオラマ的なものは特に好きでしたね。
**齋藤** やっぱり当時は模型誌をよくご覧になっていたんですか？
**安井** もちろん読んでいました。ただ、読んでいたのはガンプラの記事が多かったですかね。『ホビージャパン』や『モデルグラフィックス』にもたくさん載っていましたから。だけれども、当然タミヤの戦車もすごい好きでした。
**齋藤** 完璧じゃないですか！
**安井** ただ、「作る」となると、パーツの1個1個をより精密に頑張りたくなってしまうので、時間が相当かかってしまい……。だから完成した模型って、数えるほどしかないですね。やっぱり、買うばっかりになっちゃう。だから、いまでも実家に帰ると、押入れのなかはプラモデルでいっぱいです。
**齋藤** 当時の模型ですからお宝ですね。お宝がいっぱいあるんだ。
**安井** ミリタリー系のプラモデルってドイツものが多いですよね。
**齋藤** そうですね、最近になってようやくアメリカとかイギリスが増えてきました。僕はどっちかって言うと連合軍が好きです。あのアメリカのダラッとした、ラフ感じが特に。

**安井** そうですね。アメリカの服飾史を見ていると、軍服だけじゃなくってワークウェアにしてもラフな感じのものが多いんです。アメリカは1850年以降急激に発展して、1880〜90年くらいに大陸横断鉄道によって東西が合体、ゴールドラッシュを経て様々な人種の移民たちが集まって大きくなった国なので、そういう多種多様な国民性が、ラフな服装に反映されていると感じさせます。とはいえ、そんななかでも、ちょっとカッチリして見えるものもあったりする自由さが、アメリカらしいところだなという気がしますね。
**齋藤** いま「アメリカらしい」っていう言葉が出ましたが、ハーレーなどのヴィンテージバイクの魅力ってどういうところだと考えていますか？
**安井** 昔のハーレーに限らずインディアンなど、古いバイクは全部そうなんですが、継ぎ足されてきた時間でしょう。
**齋藤** というと？
**安井** いままでのアメリカでは、古いバイクを継ぎ足していく価値観がなかったんです。そういうヴィンテージなバイクが出てきても、めちゃくちゃキレイにレストアしてしまうんですよ。エンジンもオーバーホールしちゃって、泥や、サビや、油も全部キレイに取って、サビサビの外装もキレイに塗装し直して、当時の新車のように作り変えるというのが主流だったんですよ。アメリカでは80〜90年代、日本にもそういうバイクが、どんどん入ってきたのが90年代以降。ただ、やっぱり古い旧車のハーレーっていうのは、日本でもちゃん整備できる知恵、技術、経験、そういった情報がなかなかなかったんです。当時はいくらお金をつぎ込んでも走らせられない、っていうのが現実だったんですよ。すぐ壊れちゃうし。
**編** 維持できない、と。
**安井** そうです。70年代以降のショベルヘッドっていうエンジンでさえ、

### 安井 篤
Atsushi Yasui

2007年に設立されたアパレルブランド「フリーホイーラーズ（FREEWHEELERS）」の代表兼デザイナー。時代の空気感や時間の経過といったヴィンテージウェアが持つ世界観を表現する服飾デザイナー。その一方で数多くのヴィンテージバイクを所有し、アメリカで行なわれる旧車イベント「レースオブジェントルマン」を始め、数々のイベントやレースに参加するヴィンテージハーレー界の第一人者

105

そんな状態だったんですよ。だから、パンヘッドやその前にあったナックルヘッド、齋藤さんもやられているWLっていう二次大戦で使われていた30年代後半のサイドバルなど、古くなればなるほど情報が全然なくて「これどうやったらいいんだろう？」って状態になっていたんです。それを一気に解決したのがインターネットでしょうね。

**齋藤** あー。

**安井** インターネットの普及は情報と流通をさらに加速化させ、どんどん検索して、見て、「アメリカにはこんなパーツがあるんだ！」とか、「こういうことやってる人がいるんだ！」という情報がひろがっていきました。そこから日本におけるヴィンテージバイクの扱いが徐々に上がっていったんですよ。さらにいくと、「レストアしない当時の汚いままのサビそのものに価値があるんじゃないか」、ということに気が付いていくんです。そういう、バイクそのものが経験した世界や時間こそが、ヴィンテージバイクの魅力だと思っています。僕たち「フリーホイーラーズ」が作っている洋服のいちばん大事なポイントが、当時の世界観、時間をいかに表現するということなんです。それがただ単に服だってだけで、なにに価値を求めるかは、じつはいまのヴィンテージバイクシーンと変わりないんですよ。

**齋藤** なるほど。私もウェザリングで作品に当時の世界観を再現しているわけで、ヴィンテージバイクに対しての考え方は同じかもしれませんね。

**安井** 重要なのはそこなんですよ。僕は自分の古いバイクを拭いたり洗ったりしないんです。本当にドロドロのまま。でもそれは大切なことで、これまでの時間の経過に加えて、自分の歴史も作っていかなきゃいけないじゃないですか。そのバイクに。

**齋藤** 模型の場合、多くの方はその「誰が乗っていたか」ということを一切消したいらしいんですよ。それこそ買ったばかりだったり、博物館にあるようなピカピカのものにしてしまう傾向があります。でも、僕がやりたいのはそうじゃなくって、人はいないけれども、誰かが乗ってきたんでしょ？ っていうなんというか生活感のような、人間の匂いをさせたいんですよね。そのために、ちょっとカスタムしてあったり、人の好みが入っていたりなんていうのを、頭のなかで想像したりしています。実際「ここは摩耗するだろうな」、っていうところをバイクに乗らない自分が乗っている人からの情報から繋げて、なんとかカタチにしています。だからこういう空気感を大事にしたいんですよ。

**安井** そうなんですよ。空気感なんですよね。そこが大事なんです。そこが多分、僕と齋藤さんが共通している接点なんです。空気感をいかに表現するかっていうことだと思うんですよね。

**齋藤** 最近はすごいつや消しでサビサビになっている廃車のような模型を作る人もいっぱいいるんですよ。でも、それはかわいそうじゃないですか。なんかね。やっぱり、使っているっていうのが大事なんだと思いますね。機械はすべて。

**安井** そうですね。例えばレザージャケットって、そういう表現が出やすいもので、自分の生き方や人生観、生活感っていうものが、レザーにシワやシボ感になって現れるんです。その表情は着方によってどんどん変わっていっちゃうものなんですよ。ヴィンテージのレザージャケット、1930年代や40年代のもののなかには、すごく希少価値が高いものもあって、150万〜300万円の世界です。現行のハイブランドさんが販売しているレザージャケットもだいたい50〜100万円とかしますけど、素材がとっても柔らかくて、着やすくデザインされています。それはそれで素晴らしいのですが、そのレザージャケットにその人の人生観みたいなものは経年変化では現れてこないと思うんです。さらに言うと、リーバイスって皆さんご存知だとお思いますけれども、リーバイスのジーンズに関してはさらにそれを上回って、1880〜80年代のパンツがもし出てきたりすると、それはもう一千万円とかそういう世界になってくるんですよね。

**齋藤** ゴールドラッシュ時代のパンツ……。そのものが過ごした時間と体験にこそ価値があるってことだよね。すごい。

**安井** はい。またそういうものを発掘しに行く専門の仕事があるくらいですから。

――今後、齋藤さんにどういったバイクを作っていただきたいですか？

**安井** そうですね、ベースになるものがサイドバルブ中心になってくると思うんですけれど、拝見した感じで、やっぱりトライアンフなどのイギリス車もやられたりしているので、そういったアメ車以外の部分も充実させてほしいですね。あとは、オーバーヘッドバルブだったり、ナックルヘッドだったり、そういったものもぜひやっていただきたいなって思うし、もっと言うと僕の好きな20〜30年代のボードトラッカーやダートトラッカー。そういったものでレースをやってた。あのレザーヘルメットをかぶって、あの板のバンクのコースを走ってたり。スケールは別に違っても良いんですけれども、なんかこう手のひらの上に乗るようなカタチでおもしろいいものをやっていただけたらなって。

**齋藤** いま、1910年、13年のインディアとか作ってるんですよね。ただ、やっぱり本当に資料がなくって……。

**安井** そうですよね。

**齋藤** 資料としてレプリカは出てくるんですけれどね。画像検索とかで。でも、これがほんとに正しいのかもわからないし……。

**安井** あの、ひとつ、私のアメリカの友人ですごく仲の良い友人が、たまたまなんですけれども、私が彼に僕のバイク今4台くらい作ってもらったことがあって、マッドウォークスラーっていう人がいるんですけれども、マッドウォークスラーのお父さんはデールウォークスラーっていって、ノースカロライナで、「ホイルスルータイムミュージアム」っていうのをやっていまして、そこに、当時の古い1910年、20年代台から、6、70年代に至るレース系バイクとか、そういったものとかがぎっしりあります。

**齋藤** へぇー！

**安井** コレクターであり、預かりものもあるんですけれども、「アメリカンピッカーズ」よりもさらにもっと古くて……。

**齋藤** すごい台数ありますよね。テレビでみました。

**安井** かなりあります。だから、ああいったものを参考にされるのが良いんじゃないかなって思います。

**齋藤** あと、もうひとつ。ウェアが分かりづらい。資料がすべてモノクロじゃないですか、例えばハーレーの当時だったらワークスカラーとかじゃないですか。

**安井** そのへんだと……だいたいわかると思います。

**齋藤** そうですか！ 形状はなんとなく白黒の写真でもわかるんですけれど……色となると……

**安井** だいたい、10〜20年代はほとんど、ウールのジャージーですよ。

**齋藤** はい。で、多分チームごとに色とかあったんじゃないかなって。

**安井** ありますね。チームごとに色はあるでしょ

106

うね。

齋藤　じゃあ、インディアンは当時何色を着ていたのか？　とかってわかったりします？

安井　赤だったり、エンジがありますね。だいたいはチームカラーのエンジでいっちゃったほうがいいんじゃないかなって思いますけれどもね。

齋藤　ハーレーは白黒ですか？

安井　黒が多いかなぁ……。ネイビーブルーもあった。あと袖なんかが、グリーンとオレンジのボーダーになっていたものもあったりと、まぁ、いろいろありますね。

齋藤　年代によってちょっと違うんですね。

安井　微妙に違いますね。ハーレーのジャージって本当に出てこないんですよ。僕はちょっと服の仕事の方で、ウィスコンシン州のミルウォーキーにあるハーレーの本社に行ったことがあるんですが、ミュージアムにジャージが飾ってあるんですよ。でも、そういうジャージってあんまり残ってないですね……。

齋藤　市販ジャージよりも、むしろレーサーが着ていたものじゃないと残っていない、と。

安井　そうですね。

齋藤　あぁ、なるほどねぇ……。

安井　たしか、そういったものをまとめた本が1冊ありましたよ。田中凛太郎さんの本が。

齋藤　持ってる！　持ってます。

安井　本当ですか、あの本はやっぱり貴重ですよ。

齋藤　そうですよね。あれは本当に参考になります。その本のおかげでハーレーはある程度わかるんですが、インディアンとかフライングメルケルとか、あのへんのものになってくると、もうほんとにわかんなくなってくるよね。

安井　そうですね。モノクロの写真がちょっとあるくらいになってくるので。

齋藤　ほんとにカラーの情報だけはどうしても出てこないので、想像で作って……。多少でも記述のなかにでもカラーのことを書いていてくれれば良いですけど。

安井　なかなかないですね。

齋藤　ないですよね。ウェアについては、誰も気にしていないようですね。写真も当時新聞に載ったものぐらいしかないですからね。

安井　ただね、フライングメルケルとか、あのへんのものになってくると、ウールジャージーを黒っぽいものにして、グローブとレザーヘルメットをして、名前だけオレンジのレタリング入れるとか。

齋藤　マシンのカラーでね。

安井　そう、マシンのカラーと同じですね。そういったもので、僕は良いんじゃないかなって思います。それだったら、みんな納得すると思うし。

齋藤　まぁ、突っ込める人が誰もいないですよね。

安井　いないと思いますよ。今後は、ここは黒でいいんじゃないですか？　とか、ここはセーターで、タートルネックのもので。とか、ボタンカラーのジャージで襟は付いていて良いから、ここにハーレーダビットソンって文字入れれば良いんじゃないですか？　とか、そういうアドバイス的なところでも、なにかご協力することができますので、斎藤さんにはさらにこの世界観を追求していっていただきたいと思います。

齋藤　今回、僕は本当にすばらしい人に出会えたなって、ほんとにそう思います。

安井　たとえば、バイクのディテールとかも、このハンドルはこっちのの形状のほうがカッコイイですよとか、こうしたほうがよりリアルですよとか、いろいろお伝えできるはずです。

齋藤　実際に乗ってる人ならではの情報は本当に助かります。僕にとっては、ほんとにそこがわからない部分なので……。

安井　車体の方も、タイヤはこの時期は18インチしかないから、絶対に18インチのほうが良いですよとか、この頃の時代は21インチですよ、とか。そういったことですよね。やっぱりやっちゃうんですよね。実際のバイクでも、これにこれを組み合わせちゃったか……、これ時代の整合性とれてないな……というものが。

齋藤　車体の方の考証ですね。カスタムは一見みんな好きにやっているんだけれども、実はちゃんとした流儀があると……。

安井　あります、当然あります。「これはないよ」っていう組み合わせのものもなかにはあります。そういうところも含めて、なくしちゃいけない技術や情報です。それがいま、どんどんなくなりつつあるんで、なんとか僕らも洋服作りながらですけれども、残していかなきゃいけない、伝えていかなきゃいけないことだなと思っています。それは齋藤さんに対しても同じ風に感じていて、模型の世界からもぜひ語りかけていただければと思います。

齋藤　そうなんですよ。ヴィンテージスタイルにもいろんなものがあるんですけどね。

安井　それを残していってほしいと思います。

齋藤　次は安井さんの持っているバイクを作ってみるっていうのはおもしろいかもしれないね。

安井　今度ナックルヘッドをやるんで、「ナックルレーサーの参考にしたい」と言われれば、僕がバイクを用意するので、撮影や測定などしていただいても全然構わないです。こまかい部分も「なぜこれをチョイスしているのか」とか全部お答えします。僕は基本的にありえない組み合わせっていうのはしていないので、これは19○○年のものをベースに、○○年のイメージでやっている、とかそういう感じなので。

齋藤　おもしろいですね。

安井　コラボレーションもね。模型とファッションのコラボっていうのもあまりないですよね。

齋藤　あんまりないですね。おもしろそうです。

安井　あと、僕はぜひ車もやってほしいんですけどね……ホットロッドのレーサーとか。

Encounter with Atsushi YASUI,
the man who knows "real" best.

対談に使用したのは、フリーホイーラーズの直営店「Desolation Raw」の一室。店内の雰囲気は、ブランド名と同じく大人の「自由」を体現しているかのようだ

Desolation Row
〒150-0001 東京都渋谷区神宮前2-31-3-1F
TEL.03-6439-1969
営業時間／12:00〜20:00
　　　　　（日曜・祝日11:00〜19:00）
定休日／水曜（祝日の場合は営業）

# CHAPTER.6
# 1/35 MOTORCYCLE KIT LIST

これまで発売された1/35のオートバイをリストアップ。スケールゆえ軍用モデルが中心となるが、ぜひともフィギュアを添えて楽しみたい

## Plastic model Kit

### ◆TAMIYA（JAPAN 1/35）
1. 6 GERMAN MOTORCYCLE B.M.W .R75 WITH SIDECAR
2. 23 GERMAN MOTORCYCLE KS750&BMW R75&Zundapp Ks750 BMW R75
3. 84 U.S. MILITARY POLICE SET
4. 241 GERMAN MOTORCYCLE ORDERLY SET
5. 245 JAPAN GROUND SELF DEFENSE FORCE MOTORCYCLE RECONNAISSANCE SET
6. 316 BRITISH BSA M20 MOTORCYCLE w/MILITARY POLICE SET
7. 337 BRITISH PARATROOPERS w/SMALL MOTORCYCLE

### ◆ITALERI（ITALIA 1/35）
1. 315 BMW R75 SIDECAR
2. 316 BMW R75/Zundapp KS750
3. 317 Zundapp KS750 with sidecar
4. 322 U.S Army Motorcycles（Hurley）

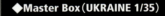
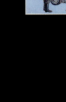

### ◆Master Box（UKRAINE 1/35）
1. 3548 German Motorcycle Troops on the Move
2. 3560 German Motorcycle Repair Crew
3. 35178 German Motorcyclists
4. 35175 Zombie Hunter - Road to Freedom
5. 35140 Skull Clan - To Catch a Thief

### ◆MiniArt（UKRAINE 1/35）
1. 35080 U.S. WW II Motorcycle WLA
2. 35085 U.S. MILITARY POLICE
3. 35101 U.S. MOTORCYCLE REPAIR CREW
4. 35168 U.S. MILITARY POLICEMAN w/MOTORCYCLE
5. 35172 U.S. MOTORCYCLE WLA w/RIDER
6. 35176 REST ON MOTORCYCLE
7. 35179 U.S. MOTORCYCLE WLA w/RIFLEMAN
8. 35182 U.S. SOLDIER PUSHING MOTORCYCLE
9. 35284 U.S. MOTORCYCLE REPAIR CREW. SPECIAL EDITION

### ◆IBG models（POLAND 1/35）
1. 35001 BMW R12 with sidecar civilian versions
2. 35002 BMW R12 with sidecar military versions

### ◆Meng model（CHINA 1/35）
1. MHS005 French FT-17 Light Tank & Crew Orderly

### ◆Zvezda（RUSSIA 1/35）
1. 3607 German Motorcycle R-12 with Sidecar and crew
2. 3632 WWII German R12 Motorcycle with rider and officer
3. 3639 Soviet Motorcycle M-72 with Sidecar and crew
4. 3651 Soviet motorcycle M-72 with 82-mm Mortar

◆**AIM FAN MODEL（UKRAINE 1/35）**

1. 35001 TIZ-AM-600, Soviet WWII motorcycle
2. 35002 TIZ-AM-600, Soviet WWII motorcycle with sidecar
3. 35003 MV-750, Soviet postwar motorcycle with sidecar
4. 35004 MV-650, Soviet postwar motorcycle with sidecar
5. 35005 PMZ-A-750, Soviet WWII motorcycle
6. 35006 PMZ-A-750, Soviet WWII motorcycle with sidecar

◆**Thunder Model（CHINA 1/35）**
1. 35003 US Military Motorcycle Indian 741B
2. 35004 US Indian "Scout" and "Sport" Motorcycles

◆**Dragon Models（CHINA 1/35）**
1. 3009 US Light Infantry

◆**Lion Roar/Great Wall Hobby（CHINA 1/35）**
1. 3507 Zundapp KS750
2. 3508 Zundapp KS750 with Sidecar
3. 3524 WWII German Zundapp Ks750/W FELDGENDARMERIE 1942

◆**Vulcan Scale Models（HONG KONG 1/35）**
1. 56003 WW2 German Zundapp K500 Motorcycle
2. 56006 WW2 German Zundapp K800 Motorcycle
3. 56007 WW2 German Zundapp K800 Motorcycle with STEIB Side Car Nr28

◆**Bronco Models（CHINA 1/35）**
1. CB35035 Triumph 3HW Motorcycle w/British MP set
2. CB35192 British and paratrooper B

◆**DiOPARK（TAIWAN 1/35）**
1. 35007 Japanese Civilian Motorcycle C100 Mod.1958
2. 35008 Italian Civilian Motorcycle 125 Primavera

◆**Heller（FRANCE 1/35）** 1. 177 Gnome-Rhone Motorcycle

◆**Mirror Models（IRELAND 1/35）**
1. 35831 US Indian 741B Motorcycle

# Resin/Metal Kit

## ■ CIX models (ITALIA 1/35)
1. CIXM.003 HARLEY DAVIDSON 5D 1909
2. CixM009 HARLEY DAVIDSON Mod.6 civil version
3. CixM014 FLYING MERKEL RACER 1913
4. CixM015 FRERA 4HP 1914
5. CixM019 ITALIAN FRERA 4HP MILITARY VERSION WITH ITALIAN BERSAGLIERE WW1
6. CixM021 INDIAN BOARD TRACK RACER

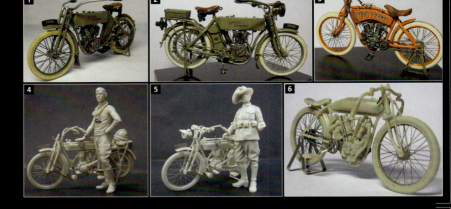

## ■ Model Victoria (ITALIA 1/35)
1. 4021 GILERA LTE 500 MILITARE
2. 4035 MOTOTRICICLO BENELLI M 36
3. 4081 GILERA LTE 500 WITH "BERSAGLIERE"

## ■ RCR Models (ITALIA 1/35)
1. RCRE04 Moto Guzzi ALCE motorcycle

## ■ Balaton Modell (UK 1/35)
1. 3576 IZH Jupiter

## ■ MMK Models (CZECH 1/35)
1. F3009 JAWA 250
2. F3016 JAWA 250 "pérák"

## ■ CHOROSZY MODELBUD (POLAND 1/35)
1. V01 HEAVY MOTORCYCLE M111 SOKŁ(FALCON)1000-83
2. V02 HEAVY MOTORCYCLE M111 SOKÓŁ(FALCON) with SIDE CAR and Radio-Station
3. V03 HEAVY MOTORCYCLE M111 SOKÓŁ(FALCON)1000 with SIDE CAR
4. V04 HEAVY MOTORCYCLE M111 SOKÓŁ(FALCON)1000 with SIDE CAR and Browning wz. 28
5. V05 HEAVY MOTORCYCLE M111 SOKÓŁ(FALCON)1000 with POLISH HEAVY MACHINE GUN BROWNING wz.30
6. V06 HEAVY MOTORCYCLES M111 SOKÓŁ (FALCON) 1000 with POLISH HEAVY MACHINE GUN (Anti-Aircraft) - BROWNING wz.30
7. V07 HEAVY MOTORCYCLES M111 SOKÓŁ (FALCON) 1000 with AMMUNITION BOX
8. V08 HEAVY MOTORCYCLES M111 SOKÓŁ (FALCON) 1000 TYPE T with SIDE CAR
9. V14 POLISH COMBAT CREW OF 3 (1939) FOR MOTORCYCLE M111 SOKŁ (FALCON)1000 with SIDE CAR

## ■Propaganda Kompany (FRANCE 1/35)

1. 350002 R.GILLET G.1 + SIDE CAR
2. 350004 GNOME & RHONE A X 2 RM + SIDE CAR
3. 350005 ZUNDAPP K800 W + SIDE CAR
4. 350008 NORTON BIG 4 + SIDE CAR
5. 350013 DKW 500 SB SOLO

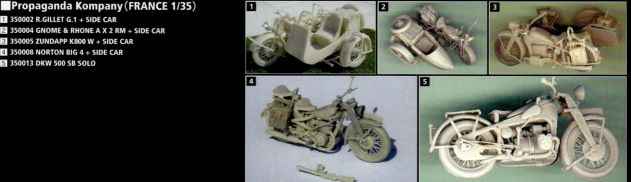

## ■SWASH DESIGN (JAPAN 1/35)

1. P35-01 TRIUMPH 3HW
2. P35-02 TRIUMPH 3H
3. P35-03 ZUNDAPP K500
4. P35-04 ZUNDAPP K800
5. P35-S01 STEIB SIDECAR
6. P35-05 BMW R12 (Military)
7. P35-06 BMW R12 (Civilian)
8. P35-07 TRIUMPH 3HW (Matchless Fork)
9. P35-08 INDIAN 741B (Military)
10. P35-09 INDIAN 741B (Civilian)
11. P35-10 INDIAN648 Big Base Scout

## ■Aviattic (UK 1/32)

1. ATTKIT 001 WW1 Phelon & Moore 3.5 hp Motorcycle (only)
2. ATTKIT 002 WW1 Motorcycle sidecar RAF/RFC type (sidecar only)
3. ATTKIT 003 P&M Motorbike, sidecar and rider (set)

## ■Scale Link (UK 1/32)

1. EB/VK3 1913 Douglas Model 'R'
2. EB/VK4 Vickers'-Clyno MkIII

## ■Tommy's War (UK 1/32)

1. TW54E01 Douglas 1914
2. TW54E11 Clyno Vickers motorcycle and machine gun combination

# THIRTY FIVE MOTORS

**SAITO MASAYA ULTIMATE 1/35 TECHNICS MOTORCYCLE**

## THIRTY FIVE MOTORS
齋藤マサヤ アルティメット 1/35 テクニクス モーターサイクル編

| | |
|---|---|
| Modeling | 齋藤マサヤ / Masaya Saito |
| Editor | 石塚 真 / Makoto Ishizuka |
| | 小池英明 / Hideaki Koike |
| Design | 海老原剛志 / Takeshi Ebihara |
| Photo | インタニヤ / Entaniya |
| | 石塚 真 / Makoto Ishizuka |
| | 大村祐里子 / Yuriko Omura |
| | KEN U / Ken U |
| Casting | 佐藤南美 / Minami Sato |
| HAIR&MAKE | 堀口有紀 / Yuki Horiguchi |
| SPECIAL THANKS | 安井 篤 / Atsushi Yasui |
| | 壱婁 / Ichiru |
| | 寒河江雅樹 / Masaki Sagae |

発行日　2019年 11月1日　初版第1刷

発行人　小川光二

発行所　株式会社 大日本絵画
〒101-0054 東京都千代田区神田錦町1丁目7番地
Tel. 03-3294-7861（代表）
URL. http://www.kaiga.co.jp

企画・編集　株式会社 アートボックス
〒101-0054 東京都千代田区神田錦町1丁目7番地
錦町一丁目ビル4F
Tel. 03-6820-7000（代表）　Fax. 03-5281-8467
URL. http://www.modelkasten.com/

印刷／製本　大日本印刷株式会社

○内容に関するお問い合わせ先： 03（6820）7000　㈱アートボックス
○販売に関するお問い合わせ先： 03（3294）7861　㈱大日本絵画

Publisher: Dainippon Kaiga Co., Ltd.
Kanda Nishiki-cho 1-7, Chiyoda-ku, Tokyo 101-0054 Japan
Phone 81-3-3294-7861
Dainippon Kaiga URL. http://www.kaiga.co.jp
Copyright ©2019 DAINIPPON KAIGA Co., Ltd./Masaya Saito
Editor: ARTBOX Co.,Ltd.
Nishikicho 1-chome bldg., 4th Floor, Kanda Nishiki-cho 1-7,
Chiyoda-ku, Tokyo 101-0054 Japan
Phone 81-3-6820-7000
ARTBOX URL: http://www.modelkasten.com/

Copyright ©2019 大日本絵画／齋藤マサヤ
本書掲載の写真、図版および記事等の無断転載を禁じます。定価はカバーに表示してあります。
ISBN978-4-499-23277-7